속도의 예술 초미학

배영달 지음

앨피

세계를 보고 이해하는 다양한 방식들이 존재한다. 현대 사상가들은 사물과 지각의 세계를 구성하는 원리에 주목했는데, 이 사상가들에게 이러한 원리를 이해하는 방식은 기술문화와 예술의 영역에서 매우 중요한 현상을 탐구하는 바른 길이 되었다. 보드리야르Jean Baudrillard는 사물과 지각의 세계를 구성하는 원리가 '시뮬라크르로서의 이미지'에 있음을 예리하게 파악했다. 반면 비릴리오Paul Virilio는 이 원리가 '속도와 가속화'에 있음을 깊이 탐구했다.

비릴리오에게 속도는 세계를 지각하고 이해하는 방식을 구조화하는 원리다. 비릴리오는 공간을 속도 공간 혹은 빛의 속도에 의한 질주권圈으로 이해한다. 그에 따르면, 지각할 수 있는 현상의 세계에 빛을 비추는 것이 바로 속도다. 이때 속도는 시각을 가능하게 하는 동시에 제한한다. 말하자면 속도는 시각적 현상을 가능하게 하는 조건이지만 시각적 현상이 출현할 수 있는 방식을 제한한다.

비릴리오가 말하는 속도 공간, 빛의 속도는 세계를 즉각적으로 지각하고 경험하는 시공간의 속성과 관계 있는 것이다. 속도 공간에 대한 비릴리오의 설명은 시각 장場을 구성하는 사물 운동의 측면에서, 그리고 시각 장을 비추는 빛의 속도 측면에서 이해하는 것이 좋을 듯하다.

비릴리오에게 속도는 사물을 보게 한다는 점에서 시각과 지각의 공간을 구성한다. 그리고 속도는 사물의 출현이 발생하는 고유한 영역이다. 그러면 비릴리오는 자신이 탐구하는 속도와, 예술 영역에서 발생하는 현상을 어떻게 연결 지어 설명하는가? 비릴리오는 사라짐, 물리적 공간, 운동(움직임), 영화, 시각과 지각 등 예술에서 도출된 여러 개념들을 통해 자신의 이론적 작업을 구축한다.

비릴리오는 현대의 시각과 지각 방식이 사라짐이라는 시간에 근거를 둔 영화적 기술의 산물이라는 점을 밝히려고 한다. 말하자면 그는 현대의 시각과 지각에는 영화적 효과가 존재하며, 동력의 기술이 사라짐의 미학을 생산해 낸다고 주장한다. 비릴리오에게 속도와 관련된 사라짐의 미학은 분명 현대예술을 특징짓는 영화적 효과이다.

영화 이미지에서 사물은 현전의 고정성 안에서 지각할 수 없는데, 이때 사물은 빨리 지나가는 대상으로 출현하는 바로 그 순간에 사라지기 시작하는 형태로만 나타나기 때문이다. 이는 바로 속도의 지각과 경험이 가져오는 현전의 고정성의 상실, 즉 실재의 상실이다. 비릴리오에게 사라짐의 미학은 가속화 현상과 결부되어 있고 운동의 법칙을 따르는 시각적 세계 안에서, 그리고 속도의 관성을 창조하는 세계 안에서 펼쳐진다.

비릴리오에 따르면 영화는 미적 경험의 방식을 창시한다. 이때 영화가 생산하는 이미지와 형태의 '현시'는 일반적인 이미지나 형태가 '재현'하는 실재를 압도한다. 영화의 이 시각적 방식은 기술의 발전과 더불어 점차 비디오 이미지와 디지털 이미지로 확장된다.

이렇게 예술에서 현시가 재현을 지배하는 것은, 예술의 형상화가 세계의 감각적 형태들과 완전히 분리되는 추상예술에서 두드러진다. 또한 이러한 지배는 비디오 아트나 다른 현대예술의 기법에도 존재하는데, 이때 재현의 기능보다는 오히려 현시의 형식적 측면이 미적 경험의 중심에 놓이게 된다. 물론 이러한 현시의 예는 퍼포먼스 예술이나 다른 유형의 설치예술에서 잘 드러난다(Ian, 2007:111).

비릴리오는 재현에서 현시로의 이러한 전환을 기술과 동력을 이용한 예술이 시각예술과 조형예술에 끼친 영향의 결과라고 단언한다. 비릴리오가 보기에 예술의 기술화와 동력화는 분명 재현을 대체하는 현시의 지배력을 증대시킨다. 이는 예술의 영역과 예술의 가능성을 제한하고 예술 기법의 다원성을 축소할 우려가 있다. 이 지점에서 기술과 동력이 20세기에 시각예술과 조형예술의 실패, 즉 비릴리오가 말하는 '예술의 사고accident'를 초래한 것을 주목할 필요가 있다.

비릴리오의 사유 세계에서 예술의 사고는 디지털 기술이 생산해 낸 실시간 속도가 사물과 지각의 세계를 변화시키는 것과 깊은 관련이 있다. 말하자면 우리가 초망막 예술에 접근하면서 기계에 의한 감각의 수정, 즉 시각과 지각의 수정이 생겨난다는 것이다. 달리 표현하면 극초음속의 가속화 속에서 '망각의 예술'이 생겨난다.

이런 맥락에서 비릴리오가 강조하는 고속의 예술art à grande vitesse의 기술을 눈여겨 볼 필요가 있다. 비릴리오에 따르면 비디오 아트와 수많은 설치미술은 어디에서나 '순간적인 현전'을 위해 지금 여기 우리의 감각적 현존을 의문시했다. 디지털 시대에 무엇보다 중요한 것은 설치미술과 퍼포먼스의 실시간 현시이다. 극초음속의 가속화가 원격현전téléprésence을 가능하게 함으로써 공간적 이미지는 가상의 디지털 이미지로 확장되었다. 이로써 원격통신이라는 가상현실, 가속화되는 가상화의 공간에서 빛의 속도로 예술의 탈장소화를 경험할 수 있게 된다.

최근의 마르크 리Marc Lee의 설치미술과 팀랩teamLab의 설치미술을 떠올려 보라. 이들 설치미술은 디지털 기기를 통해 실시간으로 가상공간을 볼 수 있게 하는데, 실시간의 비장소 혹은 탈장소화를 창출하고 있다.

여기서 우리는 오늘날 예술의 원격현전으로 인한 예술의 사라짐에 직면하고 있는지 통찰할 필요가 있다. 나아가 예술의 탈장소화가 조형예술과 시각예술의 '실재'의 가속화를 초래할 수 있다는 점을 고려해야 한다. 이는 예술 공간에 이의를 제기하는 하나의 방안이 될 수 있으며, 가상현실의 문화와 예술이 예술 세계에 커다란 도전이 되고 있음을 성찰하는 계기가 될 것이다.

앞서 기술했듯이 현대예술에 대한 비릴리오의 담론은 대체로 기술, 속도, 사고, 가속화, 가상화와 탈장소화와 연결되어 있다고 할 수 있다. 주목할 만한 것은 기술에 힘입은 사물과 지각 세계의 변화와 가속화가 예술 생산에 영향을 끼치고, 예술 세계와 예술 공간을 새로이 구성하고 조직한다는 점이다. 이와 관련하여 비릴리오의 사유는 현대예술에 대한 기존의 이해 방식과 접근 방식을 넘어, 예술 세계의 비전을 재창조하여 현대예술을 새롭게 바라보는 시각을 제공한다는 점에서 창조적이고 독창적이라고 할 수 있다.

보드리야르는 현대를 '시뮬라크르와 시뮬라시옹의 시대'라고 정의했다. 그는 현대세계가 얼마나 매혹적인지, 하이퍼리얼하고 가상적인지, 초미학적이고 성전환적인지, 시뮬라시옹화되고 시뮬라크르적인지를 보여 주려고 했다. 그가 보기에, 이런 양상은 광고와 대중매체가 지배하는 현대세계에 '시뮬라크르로서의 이미지'가 침투하여 실재를 대체하는 것과 깊은 관련이 있다.

보드리야르는 실재를 대체하는 초과실재(하이퍼리얼리티)의 범람을 표현하면서 현대예술은 어떤 역할을 할 수 있는지, 투명하고 광고적인 것이 되어 버린 시뮬라크르 세계에서 현대예술은 무엇을 의미할 수 있는지에 주목했다. 보드리야르에 따르면 시뮬라크르 세계에는 실재와 이미지, 실재와 재현 사이의 단락 같은 것이 존재한다. 그리고 시뮬라크르 세계는 사람들을 매혹적인 이미지의 순환 속으로 빨려 들어가게 한다.

보드리야르는 오랜 기간 이 '시뮬라크르로서의 이미지'를 탐구했다. 그는 앤디 워홀Andy Warhol이 예술에서 시뮬라크르로서의 이미지를 가장 잘 표현한다고 평가했다. 그는 워홀이 말한 다음과 같은 예술 작업 원칙을 주목했다. "나는 기계이고 아무것도 아니다." "나는 아무것도 아니고 작동할 뿐이다." "나는 예술적·상업적·광고적 차원에서 조작할 수 있다." "나는 조작력 그 자체이다." 보드리야르의 관점에서 보면 워홀은 시뮬라크르 세계의 예술을 실천한 셈이다.

보드리야르는 오늘날 도처에서 조작적 형태로 구체화된 것이 예술이자 미학이라고 단언한다. 실재로부터 해방된 예술가들은 실재보다 더 실재적인 하이퍼리얼리티(시뮬라크르)를 만들어 낼 수 있다. 여기서 시뮬라크르 세계의 초미학적 영역으로 들어가는 모든 형태의 예술을 생각해 볼 수 있다.

이런 맥락에서 '현대예술은 무가치하다'라는 보드리야르의 말을 떠올려 보자. 보드리야르는 왜 그러한 담론을 착상했을까? 그에게 예술은 무엇보다 대상으로서 존재한다. 이때 대상이란 미적 가치가 상승하기 이전의 대상, 그리고 미적 가치를 추구하는 것을 의미한다. 그러나 보드리야르는 오늘날 미적 가치는 곤경에 처해 있다고 본다. 이는 분명 미적 판단이나 미적 기준에 적합한 가치 체계를 갖지 못할 때 예술에 발생하는 상황이다.

보드리야르는 이런 상황을 어떻게 이해하는가? 그가 보기에 오늘날 예술은 고상함이나 초월적 가치를 독점하지 못한다. 오히려 예술에서 평범함을 초미학적으로 논의하는 변화가 일어나고 있다. 이로써 현대예술은 가치의 함정에 빠져들고 있다.

보드리야르에 따르면 오늘날 예술은 가치(미적 가치, 시장가치)로 바뀌어 버렸다. 그에게 형태와 가치는 전혀 다른 것이며, 예술은 근본적으로 형태에 속한다. 오늘날 예술은 예술 시장을 통해서 가치의 황홀경과 가치의 끝없는 증식에 빠져들고 있다. 이는 바로 미적 가치의 무조건적인 생산(이미지의 끝없는 증식과, 과거와 현재의 형태들의 순환 사용)을 나타낸다.

이렇게 현대예술의 세계는 기이한 양상을 드러낸다. 현대예술의 모든 움직임 이면에는 더 이상 스스로를 초월하지 못하여 빠른 순환 가운데에서 그 자체로 회귀하는 것이 있다고 여겨진다. 이는 예술 형태의 정지stage, 증식, 예전의 형태들을 따른 다양한 변화이다. 보드리야르는 이를 "미적인 것의 코드의 단절"이라고 했다.

이 지점에서 보드리야르는 형태와 선과 색의 해방, 미적 개념의 해방이 일반적 미학화, 즉 초미학화를 초래하는 계기가 되었다고 주장한다. 보드리야르에 따르면 이 초미학화는 뒤샹Marcel Duchamp이 병걸이를 설치하고 워홀이 기계가 된 이후로 실현되었다. 보드리야르의 말대로 "세계를 완전히 산업적으로 조직함으로써 세계는 미학화되었으며, 세계를 완전히 무의미하게 만듦으로써 세계는 미학에 의해 변화하게 되었다."

어떻게 보면 현대세계는 모든 것을 사물의 운명과 미학의 운명에 맡기는 경향이 있는 듯하다. 이런 경향은 세계를 미학화하는 것이자 세계를 이미지화하는 것이다. 여기서 주목해야 할 것은 광고와 대중매체를 통해서 모든 것을 이미지화하는 것이다. 심지어 아주 평범한 것까지도 미학적으로 논의되고 문화와 관련되고 있다.

이런 맥락에서 보드리야르의 지적대로 "오늘날 예술은 모든 것을 미적 평범함에 이르게 하기 위해 환상의 욕망을 없애 버렸으며, 따라서 초미학적인 것이 되었다"고 할 수 있다. 보드리야르에게 미적 세계는 물신화하는 세계이다. 미적 세계가 존재하려면 점점 더 많은 미적 대상이 있어야 한다. "모든 것이 미적 대상이 된다면, 예술 그 자체는 사라진다." 말하자면 미적인 것이 한계점에 이르면, 그것은 더 이상 미적 특성을 지니지 못하고 사라진다. 보드리야르는 이 역설적인 사태가 일어나는 현상을 '초미학transesthétique'이라 부른다.

보드리야르는 현대예술과 관련된 '초미학' 현상을 깊이 통찰했다. 오늘날 도처에서 예술이 증식하고 있고, 이 증식을 이상 증식의 형태로 조장하는 예술 시장을 폭로하고자 했다. 그는 예술의 상품화로 인해 예술 시장이 가치를 생산하고 가치의 함정을 파 놓은 것에 대해 우려를 표명했다. 미적 가치가 시장가치로 바뀌고 있는 상황, 이것이 분명 예술이 처한 상황이다.

더 이상 자신의 가치를 추구하지 못하는 현대예술은 너무도 피상적이어서 무가치할 수밖에 없다. 현대예술은 가치가 소멸되는 운명에 의해, 초월성의 상실에 의해 타격을 받고 있는 셈이다. 바로 이 점을, 보드리야르는 주목했다. 보드리야르의 현대예술론에서 핵심적인 주제에 해당하는 '초미학'은 미적 가치를 판단할 수 없음, 그리고 환상의 무대라는 예술 형태의 사라짐에 연결되어 있다고 할 수 있다.

그러면 보드리야르가 말하는 이 예술 형태의 사라짐은 비릴리오의 '사라짐의 미학'에 연결되는가? 이미지의 끝없는 증식이라는 초고속의 순환과 교환에서는 보드리야르와 비릴리오의 이

'사라짐'은 연결되는 지점을 갖는 듯하다. 오늘날은 이미지 세상이다. 이미지 세상은 엄청나게 바뀌었다. 아날로그에서 디지털로의 이행을 완료함으로써 이미지를 다른 차원에 올려놓았기 때문이다. 말하자면 가상의 이미지, 즉 디지털 이미지가 출현한 것이다.

이런 상황에서 시뮬라크르로서의 이미지는 여전히 존속하며 우리의 삶에 영향을 끼치는가? 보드리야르는 우리가 이미 '시뮬라크르 황금시대의 종말'에 접어들었으며 가상의 시대에 살고 있다고 밝힌 바 있다. 그러나 우리는 분명 시뮬라크르로서의 이미지와 가상의 디지털 이미지 둘 다를 경험하고 있는 듯하다.

가상의 디지털 이미지는 완벽한 조작과 합성이 가능한 이미지이다. 보드리야르의 말대로 "디지털 이미지는 스크린에서 바로 생겨난 이미지로서 기기의 기계적인 조작 기능에 갇혀 있다." 디지털 기술의 조작에 의해 가상은 현실을 자동적으로 대체한다.

보드리야르는 가상을, 시뮬라크르의 단계를 넘어선 새로운 단계와 관련지어 사유한다. 그에게 가상은 전혀 새로운 세계이다. 가상은 세계를 디지털화하고 모든 기능을 조작화할 수 있다. 보드리야르의 말대로 "우리는 우리가 원하는 모든 조작을 할 수 있으며, 조작적 세계에 있다." 이 대목에서 워홀의 예술 작업 원칙, 즉 "나는 조작력 그 자체이다"를 떠올려 보라. 디지털 기술에서는 오늘날 어떠한 이미지도 가능하다. 이미지의 끝없는 증식과 확산이라는 이러한 현상은 곧 보드리야르가 말하는 '초미학' 현상에 연결된다고 할 수 있다.

미학의 일반화로 미학이 사라지면, 우리는 문화에 직면하게 된다. 보드리야르가 보기에 문화는 도처에 있다. 예술과 건축은 상호작용과 상승작용을 통해 한 시대의 문화 전체를 통합하는 유기적인 네트워크를 구축할 수 있다. 하지만 보드리야르에 따르면 오늘날 예술에서 이미지가 미학화되고 점점 더 가상화되고 있듯이, 건축에서도 이런 현상이 일어나고 있다. 말하자면 건축에서도 무가치한 것이 존재한다는 것이다.

이런 맥락에서 보드리야르는 오늘날 건축의 비극 중 하나는 모델화와 복제라고 단언한다. 그가 보기에 기계의 가상적 조작에 의해 건축적 형태들도 가상의 원료로부터 현실화될 수 있다. 그는 빌바오의 구겐하임 미술관을 가상 건축의 프로토타입 prototype이라고 지적한다. 자동적이고 무한한 미학적 작용을 위해 실제 대상을 사전에 주어진 프로그램, 즉 가상적 퍼포먼스로 간주할 수 있는지에 주목했던 것이다.

보드리야르가 보기에 우리는 건축의 가상현실이라는 특이한 상황 속에 있다. 그는 "오늘날 건축은 대체로 문화와 의사소통을, 다시 말해서 사회 전체의 가상적 미학화를 받아들일 수 밖에 없다"고 주장한다. 여기서 표현된 가상적 미학화는 바로 '초미학화'를 의미한다. 가상화와 초미학화를 통한 건축물의 복제에 맞서 시적인 건축, 급진적 건축을 향해 자신이 "상황의 시적인 이동 혹은 이동의 시적인 상황"이라고 부르는 것을 실행하려 해야 한다고 보드리야르는 강조한다.

비릴리오와 보드리야르는 현대예술과 미학, 문화에 대한 극단적이고 도발적인 글쓰기를 통해 자신의 사유 세계를 구축한 독창적인 사상가들이다. 이들은 예술 세계에 대한 다양한 에세이와 평론을 발표하여 전 세계에 센세이션을 일으켰다. 비릴리오는 에세이 《침묵의 절차La procédure silence》를 통해, 보드리야르는 평론 〈예술의 음모(공모)Le complot de l'art〉를 통해 엄청난 주목을 받는 동시에 신랄한 비판을 받았다. 여기서 주목할 만한 것은 이들 둘 다 '예술의 적'으로 간주되었기에 더욱더 예술가와 예술비평가들의 탐구 대상이 되었다는 점이다.

그동안 비릴리오와 보드리야르에 대한 다양한 주제로 책을 썼지만, 이 책에서는 처음으로 현대예술과 미학에 대한 이들의 이론을 관통하는 사유 전체를 체계화하려고 시도해 보았다.

비릴리오는 흔히 속도로 현대 기술문명을 이해한 '속도의 사상가'로 알려져 있다. 이 때문에 비릴리오에 대한 연구는 대체로 그의 사유를 기술과 속도와 연결 짓는 경향이 있다. 하지만 이 책에서는 비릴리오 자신이 스스로를 '기술의 예술비평가'라고 불렀던 점에 착안하여 특히 '속도의 예술', '사라짐의 미학'을 집중적으로 조명했다.

비릴리오와는 달리 현대세계를 시뮬라크르와 시뮬라시옹의 세계라고 규정한 보드리야르. 그는 현대사회에서 실재의 사라짐에 주목하고 시뮬라크르로서의 이미지 세상을 비판적으로 파헤치려고 했다. 이런 측면에서 보드리야르 자신이 창안한 '초미학' 현상과 시뮬라크르 세계의 예술을 연결 지어 분석하려고 했다. 나아가 아날로그에서 디지털로의 이행이 완료된 이후에도 디지털 이미지의 증식과 확산이 '초미학' 현상에 연결되고 있음을 파악하려고 했다.

급진적이고 극단적인 시각으로 현대예술과 미학을 탐구하려고 시도했던 비릴리오와 보드리야르. 이 책에서 이들의 사유가 서로 충돌하는 동시에 일치하는 지점을, 독자들이 발견하기를 기대해 본다.

2019년 12월

배영달

차 례

제1장 사라짐의 미학, 속도의 예술

일러두기

- 인명, 작품명, 저서명, 개념어 등은 한글과 함께 해당 국가의 원어를 병기한다.
- 외래어 표기는 현행 어문규정의 외래어표기법을 따른다.
- 이 책에서 인용된 《사라짐의 미학》은 갈릴레 출판사의 텍스트(1989)이다.
- 이 책의 일부분은 저자가 발표한 〈시뮬라크르로서의 이미지에서 가상의 디지털 이미지로〉(《프랑스문화연구》 29집, 2014), 〈보드리야르의 현대예술론에 관한 연구〉(《프랑스문화연구》 30집, 2015)의 내용을 책의 취지에 맞게 수정 보완하고 다듬은 것이다.

1 _ 사라짐의 미학

출현의 미학에서 사라짐의 미학으로

비릴리오의 텍스트를 읽을 때, 우리는 현대 기술문명과 관련된 주목할 만한 구절들을 발견하게 된다. "우리가 보는 세계는 지나가고 있다", 그러나 "우리는 지나가고 있는 세계를 보지 못한다"라는 사도 파울로스의 경구들이 바로 그것이다. 물론 우리는 세계의 가속과 마찬가지로 세계의 느림을 지각하지 못한다. 우리는 움직임이 전개되는 공간과 시간의 실재가 무엇인지를 지각하지 못한다. 바로 이 지점에서 비릴리오는 "움직임은 실명失明 상태이다"라고 강조한다(Virilio, 1993:95).

이러한 움직임에 대해 깊이 통찰한 비릴리오는 가스통 라조 Gaston Ragent의 말대로 기술문명 전체가 오로지 삶의 고정성을 움직임 속에 갖다 놓는 일에만 집착했다고 지적한다(Virilio, 1989:105). 오늘날 현대세계의 이해에 필요불가결한 이 움직임(운동), 속도, 공간, 시간의 개념들은 비릴리오가 평생 탐구한 기술문명을 이루는 핵심 요소에 해당한다. 특히 현대의 문화와 예술에 대해 말할 때, 그는 이 개념들과 '사라짐'이라는 개념을 종종 연결시켜 설명한다.

이러한 경향은 그의 주요한 저서 《사라짐의 미학Esthétique de la disparition》에서 잘 드러난다. 이 책에서 비릴리오는 현대 문화가 속도에 의해서뿐만 아니라 자신이 '사라짐의 미학'이라고 부르는 것에 의해 특징지어진다고 단언한다. 그러면 비릴리오가 탐구하는 속도와 '사라짐의 미학' 사이의 관계는 무엇인가?

비릴리오에 따르면 속도와 '사라짐의 미학'은 현대예술을 특징짓는, 그리고 영화·텔레비전·비디오 등에서 생겨나는 영화적 효과이다. 특히 비릴리오는 속도와 관련된 영화 이미지와 사라짐의 미학에 많은 관심을 지녔다. 다시 말해서 영화를 논할 때, 그는 '출현의 미학'과 '사라짐의 미학'을 구별하여 검토한다.

그러면 비릴리오가 말하는 출현의 미학이란 무엇인가? 비릴리오가 보기에 고대사회에서는 출현의 미학이 존재했는데, 이 시대에는 이미지를 생산하는 영속적인 물질적 토대, 말하자면 회화나 조각의 경우 돌과 캔버스, 물감, 안료가 있었다. 음악을 제외하고 미학과 관계 있는 대부분의 현상들은 출현의 현상이었다. 예를 들어 레오나르도 다빈치가 〈모나리자〉를 그릴 때 회화는 변색하지 않는 바니시 칠을 한 캔버스 위에 형상의 출현을 가능하게 했다. 곧, 이미지는 캔버스를 통해 출현했다. 대리석 덩어리에서 모세의 형상을 이루어 그 대리석 덩어리가 갑작스레 모세로 출현하게 한 미켈란젤로의 경우도 마찬가지다.

이런 맥락에서 비릴리오는 회화나 조각이 그 물질적 토대에 힘입어 세월이 지나가도 지속적이고 '움직이지 않는' 안정된 형태로 출현하는 방식에 주목했다. 나아가 그는 "움직이지 않는 것

속에는 플러스 요인이 있다"는 베르그손Henri Bergson의 말에 비상한 관심을 갖는다. 이 지점에서 그는 서양 예술에서 재현의 본질은 동력의 혁신이 이루어질 때까지 이러한 사유를 따르게 될 것이라고 단언한다(Virilio, 1993:96).

그의 이런 견해에 비추어 보면, 움직이지 않는 것은 곧 보이게 하고, 회화와 조각 같은 조형예술은 보는 듯한 착각과 보는 시간을 갖는 듯한 착각을 일으키는 움직임을 고정시키는 것에 연결된다고 할 수 있다. 이로써 그의 관점에서 보면 가장 완벽한 예술은 정물화의 배치된 풍경일 수 있다. 정물화가 나타내는 움직이지 않는 세계는 부동不動을 상기시킨다. 이때 정물은 더 이상 움직이지 않기 때문에 사람들이 자기 마음대로 응시할 수 있는 사물이 된다.

그러나 비릴리오는 동력의 혁명의 시작을 주목했다. 그는 이 혁명과 더불어 "이미지의 작동은 정지 상태의 조직을 파괴했으며, 나아가 시각의 정지, 빛의 응시의 정지, 넓은 의미로 현전의 장場을 파괴했다"고 강조한다(Virilio, 1993:97). 이 파괴 현상은 바로 사진·포토그램·영화의 발명과 더불어 실현되었다. 이런 현상을 예리하게 관찰한 비릴리오는 "사라짐의 미학은 시각적 현상에 연결되어 있다", "사진의 발명과 더불어, 그리고 영화의 시퀀스가 구성될 수 있을 때 인스턴트 사진과 더불어, 미학이 사라지기 시작했다"고 주장한다(Armitage, 2001:124~125).

이 대목에서 비릴리오는 미학이 사라지는 경향을 파악하고 현전의 문제에 주목한다. 그가 보기에, 회화와 조각의 안정된 물질적 현전이 이제 영화 이미지의 불안정하고 빨리 지나가는 현전에 밀려난다. 즉, 영화는 빨리 지나가는 매체이기 때문에 이미지에 환각적인 현전을 덧붙여 놓으며, 또한 영화 이미지의 지속 시간은 이미지의 통과 내지 사라짐의 시간이라는 것이다.

출현의 미학에서 사라짐의 미학으로의 이러한 전환에 대하여, 비릴리오는《임계 공간L'Espace critique》에서 다음과 같이 기술한다.

안정된 속성으로 인해 존재하는 안정된 이미지라는 출현의 미학으로부터, 영화의 빨리 지나감으로 존재하는 불안정한 이미지라는 사라짐의 미학으로 재현의 변화가 일어났다. 그것의 물질적 토대가 허용하는 한, 지속적으로 존속할 수밖에 없는 형태와 볼륨의 출현은 그 유일한 지속이 망막의 지속성 가운데 하나일 뿐인 이미지로 대체되었다(Virilio, 1984:29).

영화의 도래로 시작된 이 '사라짐의 미학'은, 시각적 이미지가 재현 대상의 물질적 부재로 구성되는 한, 조형예술과는 전혀 다른 것이다. 비릴리오에 따르면, 사라짐의 미학은 조형예술과는 달리 영속적인 물질적 토대를 전혀 지니지 않는 감각적 형태를 만드는 영화의 생산방식과 밀접한 관계가 있다. 그는 영화제작자 아벨 강스Abel Gance의 다음과 같은 견해를 긍정적으로 수용하는 듯하다. "영화의 미래는 각각의 이미지에 태양 빛을 구현할 수 있느냐에 달려 있다"(Virilio, 1989:60). 이는 분명 초당 24프레임, 즉 시각의 진실을 위한 태양 빛을 말하는 것이다.

이런 측면에서 비릴리오에게 속도는 동력기계인 영화 장치의 순수한 발명품이다. 그리고 영화적 효과는 빛의 방출로 빚어지는 속도의 효과이다. 실제로 영화 이미지는 영사기의 동력화된 메커니즘을 순식간에 통과하는 빛의 비물질성에만 존재한다. 즉, 영사기가 발산하는 빛에 노출된 순간에만 출현하며, 분명 한 순간이면서 이미지 형태가 끊임없이 사라지는 순간에만 출현한다.《침묵의 절차La procédure silence》에서 비릴리오는 영화의 이 사라짐의 미학에 대하여 다음과 같이 설명한다.

영사기의 발명은 '노출 시간'에 대한 경험, 즉 조형예술의 시간성의 체계를 근본적으로 변화시켰다. 지난 세기에 영화라는 사라짐의 미학이 수천 년간 존재한 정지 상태의 출현의 미학을 대체했다(Virilio, 2000:54).

따라서 영화는 감각적 경험과 감각적 세계의 이미지를 제공하는 동시에 공간과 시간을 사라지게 한다. 비릴리오의 말대로 영사기가 재현하는 다른 공간성과 시간성은 현전하는 세계의 외관을 변형시킨다. 여기서 비릴리오는 영화라는 예술이 감각적 경험에서 생겨나는 매체라면, 이 물질적 지속성의 상실은 예술 표현의 속성에 영향을 끼칠 수 있다고 지적한다.

이런 맥락에서 보면, 지속성은 더 이상 물질적인 것이 아닌 인식적인 것이 된다. 그것은 보는 사람의 시각 가운데에 있는 것이다. 예를 들어 사물들이 스크린에서 사라지듯이, 사물들이 사라진다는 현상에 힘입어 사물들은 존재한다. 사물들은 거기에 있고, 사물들은 출현하며 움직인다. 왜냐하면 사물들은 그 후에 사라지기 때문이다. 말하자면 그것은 잇달아 일어나는, 연속적인 현상이다. 회화의 영화적 효과를 떠올려 보라. 만일 사람들이 작업하고 있는 어느 예술가의 스냅사진을 찍는다면, 그의 그림이 서서히 전개되는 것을 보게 된다. 이것은 '움직이는 속도'가 매우 느린 영화적 현상이다. 물론 초당 24프레임으로, 심지어 특수효과로 초당 60프레임으로 촬영하는 영화와는 아주 다르다. 비릴리오의 말대로 이제 예술은 사진기나 영사기의 '속도의 빛' 속에서 끊임없이 사라짐을 되풀이한다(Virilio, 1989:72).

이런 현상은 분명 사라짐의 미학이며, 비릴리오의 관점에서 보면 대부분의 예술이 사라진다는 것을 뜻한다.

가속화와 사라짐의 미학

그러면 비릴리오에게 사라짐의 미학은 미학의 사라짐을 뜻하는가? 그는 "사라짐의 미학은 미학의 사라짐을 의미하는 것은 아니다"라고 말한다(Armitage, 2001:125). 그러나 "사라짐의 미학은 미학의 사라짐의 가능성을 내포할 수 있다"라고 역설한다(Virilio & Baj, 2003:25). 여기서 분명한 사실은, 영화의 사라짐의 미학이 끼치는 문화적 영향(시각과 지각 영역 전체에 미치는 영향)이 예술 생산의 영역에서도 감지된다는 점이다.

이런 문화적 영향으로 인해, 비릴리오는 현대예술의 위기, 동력예술의 위기가 생겨난다고 주장한다. 비릴리오가《동력의 기술L'art du moteur》에 대해 쓸 때, 그는 이미 예술의 동력화가 존재한다는 것을 강조하고자 했다. 그가 보기에, 예술의 동력화는 매우 중요한 현상이며, 우리는 현대예술의 현재 위기에 정면으로 대처할 수 없다는 것이다. 예술의 모든 영역들이 이 동력화, 즉 가속화에 연결되어 있기 때문이다.

비릴리오는 현대예술의 위기가 동력화와 가속화의 직접적인 결과, 다시 말해서 이미지의 동력화와 가속화의 결과라고 단언한다(Armitage, 2001:33). 특히 이와 관련하여, 그는 형태 이미지의 예를 제시한다. 형태 이미지가 회화에서 생겨난 것이든, 사진 · 영화 · 비디오에서 생겨난 것이든, 그것은 같은 것이 전혀 아니라는 것이다. 그리고 사진과 영화는 무엇보다 회화에 영향을 끼쳤을 뿐만 아니라 연극과 다른 영역에까지도 영향을 끼쳤다고 지적한다. 요컨대 그의 관점에서 볼 때 사진과 영화의 도래로 시작

된 동력화와 가속화는 예술 일반에, 나아가 우리의 삶 전체에 영
향력을 행사했다.

　이 지점에서 비릴리오는 동력의 출현과 더불어 시각에 의한
삶의 변화와 가속화 현상에 대해 다음과 같이 기술한다.

　　동력이 출현하면서 (인공조명이라는) 다른 태양이 솟고, 시각
　은 전면적으로 변화되었다. 기계 빛을 발산하는 현란한 조명장치
　는 속도를 생산하는 동시에 이미지(운동 이미지 혹은 영화 이미
　지)를 전달하는 영사기에 힘입어 재빠르게 삶을 변화시켰다(Virilio,
　1989:55).

　이로써 분명 삶의 모든 것이 활기를 띠게 되고, 시각은 해체되
기 시작했다고 할 수 있다. 이미지(운동 이미지 혹은 영화 이미지)
의 전달은 더욱 빠르게 투사되는 이미지의 교란을 일으키면서
이미 그 한계속도에 부딪히게 되었다. 나아가 영사기 외에도 운
동 효과를 가속하는 또 다른 동력기계들이 생겨나면서 "탐구의
미학은 미학의 탐구를 대체하고, 사라짐의 미학은 세계의 외관
을 포착하는 시도를 새롭게 했다"(Virilio, 1989:58).

　이런 점에서 비릴리오의 말대로 "세계의 척도는 운동의 벡터,
시간을 동시화하지 않는 운동장치의 벡터가 된다"(Virilio, 1989:58). 이
는 바로 운동 가속장치의 등장으로 생겨나는 현상이다. (영화적)

동력기계가 재현하는 것은 현전하는 세계의 외관을 몰아내고 동시 편재성을 구현하는 것이다.

이로써 재현의 기술에 의해 절정에 도달한 가속의 인공적인 효과를 기대할 수 있게 된다. 이때 가속의 인공적인 효과는 움직이는 인공 빛의 방출로 창조된 현실 효과를 가리킨다. 움직이는 인공 빛의 세계는 비정형적인 세계로 안정된 형태를 보여 주지 않는다. 따라서 이런 세계에서 형태의 변화는 인공 빛의 강도에 따라 이루어진다.

비릴리오는 현대 문명에서 중요한 기능을 하는 이 인공 빛에 주목한다. 그는 빛의 탈출속도가 인공 빛을 만들며, 우리는 인공 빛의 조작이 재현하는 세계 속에 살고 있다고 강조한다. 인공 빛은 우리로 하여금 비릴리오가 말하는 순간의 관성에 빠져들게 한다. 그에 따르면 빠른 속도와 가속화로 공간과의 관계가 소멸되고 시간과의 관계가 사라진다. 이는 곧 속도에 의한 시간과 공간의 사라짐이다. 이러한 관계가 형성되는 세계에서, 우리는 "순간의 관성을 창조하는 극한의 운동, 순간을 창조하는 즉각성"을 지각하게 된다(Virilio, 1989:120).

그러면 비릴리오가 말하는 순간의 관성, 즉 극의 관성이란 무엇인가? 그것은 현대 문명의 특성으로 빛의 속도에 이르러 지리적 공간이 사라진 상황을 뜻한다. 이전에는 이를 사진과 영화가 가능하게 했지만, 오늘날에는 텔레비전·컴퓨터·휴대폰이 가능하게 한다. 《사라짐의 미학》에서 비릴리오는 이를 '영화와 건축'과 관련지어 설명한다. "영화 속에서 건축물은 끊임없이 이동한다. 로마는 로마에 있지 않고, 건축은 더 이상 건축에 있지 않다. 건축은 기하학과 벡터들의 시공간에 있다. 건축 미학은 의사소통 기계, 즉 이동 혹은 전송 엔진의 특수효과로 감추어진다. 예술은 영사기의 강렬한 빛 속에서 끊임없이 사라진다…(시청각적이고 자동 운동적인) 전달 수단인 속도의 인공 빛이 태양 빛의 광채를 대신한다"(Virilio, 1989:71~72). 이로써 비릴리오의 말대로 영화가 건축을 대신하고, 마침내 영화가 도시의 빛이 되었다고 할 수 있다.

그러나 오늘날 우리는 생방송이나 즉각적인 원격통신 수단에 의해 실시간으로 속도를 경험하는 세계 속에 살고 있다. 이런 빛의 속도를 경험하는 이른바 '광클' 세계에서, 비릴리오는 우리가, 모든 도시가 실시간 속에서 같은 장소에 있을 어떤 상황을 향해 나아가고 있다고 강조한다(배영달, 2017:28). 이것은 일종의 공존, 시간 속에서 압축된 공존일 것이다. 즉각적인 원격통신에 의한 원격현전이 지리적 공간의 실제 현전을 지배하기 때문이다. 비릴리오의 말대로 새로운 속도와 더불어 새로운 관성이 존재하는 것이다(Virilio & Depardon, 2009:26).

'사라짐의 미학'은 가속화 현상과 결부되어 있고, 운동의 법칙을 따를 수밖에 없는 시각적 세계 안에서, 순간의 관성을 창조하는 세계 안에서 펼쳐진다. 이런 세계의 특성을 면밀히 검토한 비릴리오는 형태 이미지, 즉 시각적 이미지를 통해 속도와 '사라짐의 미학' 사이의 관계를 규명하고자 했다. 그러나 속도의 세계 속에서 오히려 변화하는 것은 역동적인 것이라고 진단하면서, 비릴리오는 새로운 요소인 촉각을 고려해야 한다고 강조한다. 실제로 오늘날 우리는 원격촉각, 원격현전의 기술을 통해 실시간 빛의 속도로 지금 여기에 없는 것을 접촉할 수 있는 가상의 디지털 이미지를 경험하고 있다. 가상의 디지털 이미지는 디지털 기기의 스크린에서 생겨나며 조작과 합성이 가능한 이미지이다. 이제 가상의 디지털 이미지가 지배하는 세상에서, 비릴리오가 말하는 '사라짐의 미학'이 여전히 유효한지에 대해 깊이 논의해 볼 필요가 있다고 여겨진다.

2 _ 기술과 현대예술

비릴리오는 기술과 현대예술의 발전 사이의 관계에 지속적인 관심을 지녔던 '기술의 예술비평가art critic of technology'이다. 그는 기술이 생산한 속도와 '사라짐의 미학' 사이의 관계를 탐구했으며, 예술의 동력화와 가속화를 통해 '현대예술의 위기'를 심층적으로 고찰했다. 나아가 20세기에 시각기계와 동력화가 예술의 사고accident를 유발하는 것에 주목하면서 예술의 공포, 예술의 오염 문제를 제기했다. 특히 그는 조형예술과 시각예술이 차지하는 중요성을 부각시키면서 오늘날 왜 이러한 예술들이 실패하는지에 대한 자신의 견해를 표명했다.

현대예술에 대한 비릴리오의 담론은 대부분 기술, 속도, 가속화, 가상화, 사고와 연결되어 있다. 그는 현대예술이 속도와 가속화, 예술의 사고라는 현대예술 문화를 제대로 비판하거나 이에 대항할 표현 양식이나 논리적 근거를 제시하지 못한다고 지적한다.

그는 현대예술 문화 전반에 대한 이해를 확장시키려면 예술의 생산에 영향을 끼치는 세계의 다양한 변화를 다루어야 한다고 단언한다. 물론 현대예술 문화에 대한 그의 진단과 분석이 때론 극단적인 사유에서 비롯되는 경향이 있지만, 현대예술이 처한 위기 상황을 비판하고 이에 대처하는 하나의 관점이 될 수 있음에 주목할 필요가 있다.

기술과 속도

그렇다면 현대예술이 처한 상황을 구체적으로 살펴보기에 앞서, 현대예술의 생산에 영향을 미치는 것이 무엇인지 살펴보자. 비릴리오가 예술의 생산과 기술을 연결 지어 설명할 때 기술은 어떤 의미를 갖는가? 이는 한 마디로 '속도의 생산자로서의 기술'이다. 비릴리오는 기술의 예술비평가이자 속도의 사상가이다. 그에게 기술과 속도는 자신의 이론적 토대를 구성하는 결정적인 요소이다. 기술에 대한 그의 사유는 속도의 조직화와 생산과 밀접하게 연결되어 있다. 기술이 생산하는 속도는 빨리, 쉽게 이동하는 것뿐만 아니라 세계를 지각하고 이해하는 것으로 여겨진다.

비릴리오는 속도를 생산하는 기술 전반을 어떻게 이해하고 사유하는가? 비릴리오는 "기술 지배력은 우리 문명의 중대한 유혹"이라는 자크 엘륄Jacques Ellul의 말에 상당히 동의하는 것처럼 보인다. 그는 "예상되는 기술혁명은 극적이라기보다는 지식의 비극, 즉 개인적·집단적 지식의 바벨탑에 필적할 만한 대혼란"이라고 강조한다(Virilio, 1998:121).

기술적 진보를 비판적으로 바라보는 그는 모든 문화와 도덕을 폐기하려는 새로운 세대에게, 기술은 필연적으로 홀로 발전해 나갈 것이라고 주장한다. 비릴리오의 이런 사유를 고려하면, 그의 철학은 본질적으로 기술철학이라 여겨질 수 있다. 어느 인터뷰에서 그는 기술과 속도의 상관관계에 대해 다음과 같은 중요한 발언을 했다.

기술은 속도를 발전시켰다. … 역사의 진보는 바로 동력의 진보이다. 최초의 동력은 말인데, 사람들은 가속화하기 위해, 매우 효능 있는 동물로 만들기 위해 길들이고 두 마리씩 잡아맸다. 그러고 나서 범선을 만들었고 이후 동력선을 만들었다. 속도의 진보는 기술의 진보이다. 오늘날 전자기파의 사용을 통해, 기술은 두 벽(음속의 벽과 열의 벽), 즉 어떤 물체를 궤도에 진입할 수 있도록 하는 벽을 뛰어넘었다. 그러나 기술은 시간의 벽, 실시간의 벽, 다시 말해서 빛의 속도의 벽, 요컨대 사람들이 뛰어넘지 못하는 벽에 부딪혔다(Armitage , 2001:78).

비릴리오에 따르면 기술은 항상 공간-시간의 어떤 형태를 규정짓는다. 우리는 지구의 표면에 살고 있을 뿐만 아니라 '속도' 속에 살고 있다. 비릴리오에게 속도는 환경인데, 운송수단과 전송수단이 속도 환경을 만들어 낸다. 예를 들어 자동차는 초음속 비행기와는 다른 속도 환경을, 인터넷은 유선전화와는 다른 속도 환경을 만들어 낸다. 새로운 기술에 의한 운송수단과 전송수단의 발명은 속도를 새롭게 분석하는 어떤 방식이다.

더욱이 주목할 만한 것은 오늘날 전송혁명이 초래한 변화이다. 이러한 변화는 공간과 시간에 결정적인 영향을 끼치고 있다. 비릴리오는 원격작용téléaction 기술과 더불어 실제 공간이 소멸되고 빛의 속도에 의한 실시간이 세상을 지배한다고 주장한다. 실제 공간의 개발에서 실시간 환경 통제로의 기술 이동이 세계의 차원을 변화시키고 있기 때문이다.

예술의 공포와 침묵

비릴리오의 사유에 따르면 기술은 속도뿐만 아니라 전쟁을 산출하고 발전시킨다. 기술에 대한 비릴리오의 비전은 대체로 전쟁에 집중되는 경향이 있으며, 기술과 속도의 상관관계와도 연결되어 있다. 비릴리오가 보기에 특히 전쟁은 증대된 속도를 필요로 하며, 기술은 더욱더 치명적이고 효과적인 전쟁수단을 만들어 낸다. 이런 측면을 고려하여 비릴리오는 20세기 예술의 생산을 두 가지 관점, 즉 전쟁과 기술의 관점에서 파악한다. 말하자면 이 시기의 예술 생산을, 기술 발전이 세계의 경험과 지각 형태를 변형시킨 방식과 결부시켜 설명한다.

《예술의 사고The Accident of Art》에서 비릴리오는 현대예술을 '전쟁의 피해자'로 기술한다. 그는 전쟁의 공포에 대한 이해 없이는 20세기 예술자품을 생각할 수도 없고 심지어 감상할 수도 없다고 말한다. 그는 엔리코 바이Enrico Baj와의 인터뷰에서 이를 다음과 같이 표현한다. "사람들은 입체주의 이후 추상예술에 이르기까지 무슨 일이 일어났는지를… 전쟁, 즉 기술, 가스, 신형 폭탄으로 훨씬 더 끔찍해진 전쟁의 공포와 연결시키지 않고서는 이해할 수 없을 것이다"(Virilio & Baj, 2003:47).

비릴리오에 따르면 입체주의와 표현주의, 추상예술은 한 마디로 전쟁의 산물인 셈이다. 이로써 현대예술의 특징의 하나가 된 형태의 해체는 전쟁 기술이 초래한 점증하는 폭력의 징후를 나타낸다. 비릴리오는 전쟁의 잔혹한 경험이 입체주의와 표현주의 예술가들의 캔버스로 옮겨 갔다고 지적한다. 이와 관련하여 비릴리오는 독일 화가 페터 클라젠Peter Klasen에 대한 에세이를 쓰면서 다음과 같이 기술한다. "그는 도시의 폐허를 본 이 세기의 시간 전쟁의 피해자였다."

그가 보기에 클라젠은 가속화의 광란에 대항하는 작업을 시도하며, 폭력을 나타내는 형태 없는 신체와 기술의 냉혹함을 표현한다. 뿐만 아니라 그 이후의 예술과 예술가들(미래주의의 필리포 마리네티Filippo Tommaso Marinetti, 다다주의의 리하르트 휠젠벡Richard Huelsenbeck, 초현실주의의 앙드레 브르통André Breton, 플럭서스의 요셉 보이스Joseph Beuys 등)도 전쟁의 영향을 받으며 전쟁의 공포에 짓눌려 왔다고 주장한다. 비릴리오는 예술의 새로운 경향에 대한 강연에서 휠젠벡이 주장한 내용을 소개한다. "우리는 전쟁을 위해 존재해 왔다. 다다주의는 오늘날에도 여전히 전쟁을 위해 존재한다"(Virilio, 2000:15).

이렇게 전쟁의 공포를 경험한 예술가들의 작업에서 보이는 형태의 해체는 전쟁으로 인한 신체·도시풍경 형태의 파괴와, 신체 형태의 고문과 폭력과 관련이 있다. 비릴리오는 특히 "신체에 대한 폭력이 20세기 예술에서 추상의 부상과 재현의 사라짐을 설명하는 근거"라고 강조한다(Ian, 2007:110). 그러면 비릴리오가 말하는 추상의 부상과 재현의 사라짐은 무엇을 의미하는가? 추상의 부상은 냉혹한 현실로부터 도피하는 것이며, 재현의 사라짐은 재현을 위협하는 공포를 망각하는 것을 뜻한다.

이런 맥락에서 비릴리오는 마크 로스코Mark Rothko의 다음과 같은 입장 표명을 긍정적으로 받아들이는 듯하다. "나는 형태를 연구했다. 인간 신체의 재현을 사용하는 것은 그것을 절단하고 훼손하는 것이었다"(Virilio, 2000:22). "나는 형태를 파괴하지 않고서는 더 이상 형태를 사용할 수 없었다. 그래서 차라리 추상으로 나아갔다"(Virilio & Lotringer, 2005:21). 비릴리오는 추상예술이 도피의 예술임을 강조한다. 구체적으로 무엇으로부터 도피하는 것인가? 현대예술과 결부되어 있는 전쟁의 외상trauma으로부터의 도피이다. 이로써 비릴리오의 관점에서 볼 때 추상예술은 공포에 흔들리지 않는 방법들을 고안하여 파괴로부터 벗어날 수 있는 예술이 된다.

그러나 비릴리오는 "추상예술은 추상적이 아니다. 그것은 도피의 예술이다"라는 극단적인 발언으로 예술비평가들에게 가혹한 비판을 받았다. 말하자면 예술비평가들은 비릴리오가 예술에 대해 아무것도 이해하지 못하고 있다고 비난한 것이다. 이에 대항하여, 비릴리오는 그들이 오히려 현대 예술 문화에 대해 아무것도 이해하지 못하고 있다고 반박한다. 달리 말하면 그들이 현대예술의 특정한 작가, 특정한 스타일, 특정한 장르에 대해서는 전문가들이지만, 한 시대 전체에 걸쳐 현대예술에서 무슨 일이 일어나는지를 유기적으로 연관 지어 검토하고 있지 않다는 것이다(Virilio & Lotringer, 2005:21).

비릴리오의 이런 반박은 분명 전쟁을 둘러싼 현대예술의 이해에 대한 기존의 해석과 비평에 문제 제기를 하고 있는 셈이다. 이 지점에서 "예술은 전쟁의 피해자이다", "현대예술은 초현실주의, 표현주의, 빈 행동주의, 그리고 오늘날에는 테러리즘을 통해 전쟁의 피해자가 되었다"라는 비릴리오의 주장에 귀를 기울일 필요가 있다(Virilio & Lotringer, 2005:16~17). 그의 이런 주장에 비추어 볼 때, 현대를 살아가는 우리는 중대한 사고들의 산물이며 전쟁은 그것들 가운데 하나이라는 점을 인식해야 할 듯하다.

비릴리오는 실비어 로트링거Sylvère Lotringer와의 인터뷰에서 "오늘날 사고와 전쟁은 실제로 똑같은 것이다"라고 강조한다(Virilio & Lotringer, 2005:17). 이 대목에서, 현대예술 비평가들이 전쟁이라는 사고의 진실을 이해하는 데 실패했다는 비릴리오의 지적에 주목할 필요가 있다. 요컨대 그들은 예술가들이 생산해 낸 전쟁이라는 사고의 예술을, 다시 말해서 전쟁의 공포를 예술의 공포로 변형시켜 생산해 낸 것을 이해하지 못했던 것이다. 이는 예술의 공포에 침묵한 결과에서 비롯된 것이리라.

'공포의 대가Le salaire de la peur'라는 주제의 강연에서 비릴리오는 현대예술의 위기를 논하면서 다음과 같이 말한다. "현대 예술 문화의 공포는, 아무 말도 하지 않는 것은 동의의 표시이기 때문에 비겁함과 동일시되는 침묵의 공포가 될지도 모른다"(Virilio &

Lotringer, 2005a:78). 나아가 비릴리오는 현대예술은 형태 해체에 집착하고 재현보다 현시를 선호하면서, 세계의 경험이란 긴급한 현실에는 침묵해 버렸다고 지적한다. 비릴리오의 말대로 예술의 침묵의 절차로 인해 세계의 모든 재현이 지속적으로 오염되고 있기 때문이다.

비릴리오가 보기에, 예술의 침묵은 예술에서 이의를 제기하고 대항할 수 있는 역량을 제거한다. 예술의 잠재력은 숱한 논쟁을 거치면서 예술의 생명 속에서 유지되어 온 것인데, 오늘날 예술이 현실 문제에 대항하지 않음으로써 수동적이고 쓸모없는 것이 되었다고 비릴리오는 주장한다.

3 _ 예술의 오염

여러 시대에 걸쳐 인간들은 철학자든 예술가든 건축가든, 기술에 맞서 싸워 왔고 기술을 벗어난 것을 멀리 유포하고자 했다. 분명 그들의 노력에도 불구하고, 오늘날 우리는 최상의 상황 속에 있지 않다. 우리가 처해 있는 상황은 여전히 비극적이지만, 우리의 삶은 지속되고 있다. 비릴리오는 예술에서도 이와 같은 상황이 계속되고 있다고 본다. 그는 예술에 대한 생태적 불안이 있다고 진단하며, 이에 대해 깊이 통찰하려고 한다.

비릴리오에 따르면 "생태 환경은 모든 곳에 있으며, 회화는 생태 환경이다. 사회적 관습도 생태 환경이다"(Virilio & Lotringer, 2005a:85). 이는 넓은 의미로 오염이 예술을 통해 움직이고 있다는 것을 뜻한다. 이런 상황에서 오늘날 예술은 문화에서 특수한 지위를 차지할 수 있는가? 비릴리오가 보기에, 오늘날 도처에 너무도 많은 예술이 있기 때문에 예술은 특수한 것으로 남을 수 없다. 이는 미적 특성의 문제가 아니라 과잉 노출의 문제다. 예술의 증식과 미술관의 팽창, 그리고 최근 비엔날레의 전이métastase는 예술 환경에 특수한 것이 되지 못한다. 모든 것이 예술이 되고 있기 때문에 예술의 오염이 생겨나고, 모든 것이 전시가 되고 있기 때문에 전시의 오염이 생겨난다. 이런 맥락에서 예술은 그저 자신의 존재 이유를 상실하고 있는 듯하다.

비릴리오의 사유에 비추어 보면, 생태 환경 혹은 생태학의 개념은 물질과 물질주의에 연결된 국지적 개념이 아닌 세계적 개념이다. 비릴리오는 이 개념이 정신과 미학에 연결되어 있다고 강조한다. 거기에는 비릴리오가 말하는 녹색 생태학이 아닌 '회색 생태학'이 있다(Virilio, 1995:76). 비릴리오는 그저 단순히 실체의 오염이 아닌, 거리의 오염이 있다고 지적한다. 작용과 반작용의 즉각성과 동시 편재성을 통해 실시간으로 상호작용함으로써 발생하는 거리의 오염이 있다는 것이다.

비릴리오에 따르면 오늘날 실시간 생방송으로 현시는 재현을 대신한다. 예술에서도 이와 같은 현상이 생겨나고 있다. 그것은 웹캠 혹은 리얼리티 쇼일 수도 있다. 말하자면 예술의 재현에서 예술의 현시로 나아가는 것은 거리의 상실, 즉 거리의 오염인 셈이다. 요컨대 예술에서 미적 오염이 생겨나는 것이다.

현대세계에서 우리는 근본적인 의미로 미적 오염을 수반하지 않고서는 광고 효과에 대한 그 어떤 것도 이해할 수 없을 것이다. 그러면 비릴리오에게 미적 오염이란 무엇을 의미하는가? 미적 오염은 그것이 추하거나 아름답다는 것을 뜻하지 않는다. 미적 오염은 그것이 간섭한다는 것을 뜻한다. 비릴리오는 오염은 바로 간섭이라고 단언한다. 따라서 그는 현대세계가 사회적 관습과 상호 개인적 관계에 간섭하듯이 예술에도 간섭하고 있다고 주장한다.

그러면 이런 오염, 즉 간섭이 존속한다면, 예술의 생태 환경은 어떻게 되는가? 비릴리오의 관점에서 볼 때 오염, 즉 간섭을 중단시키는 것은 불가능한 일로 여겨진다. 비릴리오의 말대로 생명 차원의 오염은 자연의 오염과 같은 성질의 것이 아니다. 그는 거리의 오염이 세계를 끊임없이 축소시키는 것에 주목한다. 그가 보기에, 거리의 오염은 폐쇄와 관련이 있다. 세계는 점점 더 폐쇄되고 축소되고 있다.

이 지점에서 예술 환경이 실제로 축소되고, 예술 환경이 예술 자체를 희생시켜 확장되었다고 할 수 있는가? 비릴리오는 거리의 오염, 즉 미적 오염이 있듯이 감각과 의미의 오염이 있다고 본다. 그는 "텔레비전은 점점 더 오염되고 있고 리얼리티 쇼는 그러한 오염을 끊임없이 더할 뿐이다"라고 강조한다(Virilio & Lotringer, 2005a:87). 이런 맥락에서 비릴리오에게 핵심적 요소는 사고이다. 결국 그에게 예술의 오염, 미적 오염은 사고에 연결되는 것이라 할 수 있다.

4 _ 예술의 사고

"현대 문명은 두드러진 특징으로 이전의 문명들과 구별된다. 그것은 속도라는 특징이다." 마르크 블로크 Marc Bloch는 1930년대 에 이렇게 기술했다. 이런 상황은 현대 문명의 두 번째 특징인 사고accident를 초래한다.

비릴리오는 질주학 혹은 질주학적 혁명이, 현대세계에서 생겨 나는 문제를 해결하는 근본적인 요소라고 생각한다. 그러나 비릴 리오는 "우리는 미래에는 속도를 지배해야 한다. 만일 그렇게 하 지 못한다면, 우리는 세계적 사고를 향해 나아갈 것"이라고 단언 한다. 그는 우리가 분명 사고에 직면한 시대를 살고 있다고 본다.

그의 관점에서 보면 우리는 19세기와 20세기 사이에 전쟁을, 20세기와 21세기 사이에 혁명을 경험했다. 오늘날 우리는 예술과 미학, 정치·경제·사회의 영역에서 '지식의 사고'에 직면해 있다. 사고는 전쟁과 혁명을 대신했으며, 우리 문명에 잠재해 있는 중요한 대상이다(Virilio & Lotringer, 2005a:81~82). 이런 맥락에서 비릴리오는 예술에서도 사고가 일어날 수 있다는 것을 스스로 받아들이지 않는다면, 예술은 스스로를 기만할 뿐이라고 주장한다.

그러면 비릴리오가 말하는 사고란 무엇인가? 비릴리오는 사고는 무의식적인 활동, 감추어진 것을 발견한다는 의미에서 발명이라고 설명한다(Virilio, 2005b:25). 자연적 사고와 달리 인공적 사고는 기계나 실체의 혁신에서 비롯된다.

비릴리오는 사고의 기술적 분석을 고고학적·기술적 발명으로 이해한다. 아리스토텔레스의 말대로 "사고가 실체를 폭로한다"면, 실체의 발명 또한 사고의 발명이 될 수 있다. 이때 실체는 기술적 대상을 뜻한다. 예를 들어 범선이나 증기선을 발명하는 것은 바로 '난파'를 발명하는 것이고, 자동차를 발명하는 것은 고속도로에서 일어나는 '연쇄추돌'을 발명하는 것이다.

비릴리오는 사고가 실체를 폭로하는 이유는 사고가 일종의 기술적 분석, 즉 모든 지식의 이면에 있는 것(실체)에 대한 기술적 분석을 이끌어 내기 때문이라고 지적한다. 따라서 그는 기술적 진보의 폐해를 극복하려고 노력하는 것은 무엇보다 기술적 성과의 감추어진 진실을 밝혀내는 일이며, 이는 바로 사고로 인한 실체의 폭로가 된다고 역설한다(Virilio, 2005b:28). 이로써 오늘날 기술 전체에 폐해를 가져오는 이런 형태의 기술적 진보를 재평가하는 절박함이 요구되고 있다.

사고 이론과 예술 담론

그러면 비릴리오가 말하는 '지식의 사고'란 무엇인지 살펴보자. 비릴리오에 따르면 과학의 사고는 지식의 사고를 유발하며, 예술은 지식의 한 분야다. 비릴리오는 "예술은 지식의 창조"이며, "예술의 사고는 지식의 사고"라고 주장한다(Virilio & Lotringer, 2005a:109). 그는 이 지식의 사고를 흥미롭게 분석하고 탐구했다.

일반적으로 수학적 정확성과 실험적 방법을 통해 과학의 구조는 지속적으로 확립되어 왔다. 그러나 수학적 · 과학적 의미로 실험적 방법이 없는 지식의 분야들이 있는데, 예술이 바로 거기에 속해 있다. 예술의 경험과 실험은 수식화할 수 없기에, 비릴리오는 지식의 사고, 특히 예술의 사고는 비길 데 없는 사고를 초래할 정도로 말로 표현할 수 없고 근본적으로 예측할 수 없는 것이 되고 있다고 진단한다.

비릴리오가 예상하는 사고의 현대세계는 1990년대 후반과 21세기 초 그의 사유의 중요한 주제가 된다. 특히 이 시기에, 그는 기술과 기술적 혁신을 비판적으로 사유하기 위해 사고 이론을 전개했다. 여기서 주목할 만한 것은, 그의 사고 이론과 예술 이해가 상호 연관성을 지닌다는 점이다. 비릴리오는 '사고의 박물

관'이라는 텍스트를 발표하면서 사고 이론과 예술 담론을 연결지어 분석하려고 시도했다. 프랑스 카르티에 재단Fondation Cartier에서 자신이 기획한 '전쟁과 벙커들에 관한 전시', '속도에 관한 전시', '사고에 관한 전시'를 통해, 그는 이를 구체화하려고 했다.

여기서 그는 무엇보다 '기술의 예술비평가'로서 자신의 입장과 태도를 견지하려고 했다. 따라서 기술에 대한 그의 담론은 기술적이지도 사회적이지도 않다. 그의 관점은 오히려 관점 자체의 문제에 있다. 말하자면 세계를 보고 지각하는 근본적인 방식에 비판적으로 접근하는 데 있다(Ian, 2007:115). 이로써 그의 관점은 기술보다는 외려 예술에 더 많이 접근해 있다고 여겨진다.

비릴리오는 기술 그 자체에 맞서 고민하기보다는 기술 이면에 있는 논리에 맞서 고민하는 것이 중요하다고 지적한다(Armitage, 2001:25). 그는 기술의 숨겨진 논리를 뒷받침하는 기본 전제가 사고의 존재와 그 필연적 발생이라고 주장한다. 비릴리오는 사고 이론을 다음과 같이 간결하게 요약한다. "사고 없는 기술적 발명은 없다. 기술이 발명될 때마다, 운송기술이든 전송기술이든 정보기술이든, 특수한 사고가 발생한다."

비릴리오는 기술적 진보를 긍정적으로만 받아들여서는 안 된다고 강조한다. 사고의 사유를 통해, 그는 우리가 기술적 혁신을 긍정적으로 보는 시각 때문에 그 부정성을 보지 못한다는 점을 비판한다.

비릴리오의 사고 이론은 우리의 기술적 성과 이면에 있는 숨겨진 진실을 알아내려는 시도이다. 그는 이 시도를 '우발적 폭로'라고 부른다. 기술적 성과와 더불어 수반되는 것이 기술의 실패, 즉 사고의 불가피성이며, 이에 대해 비릴리오는 앞으로 사고의 폭로는 필연적이고 근본적일 것이라고 단언한다.

여기서 주목해야 할 것은, '실패'와 '폭로'는 '사고'와 연결되며 사고에 대한 이의 제기를 전제로 한다는 점이다. 이 대목에서 비릴리오는 현대예술도 이와 같은 논리를 따르고 있다고 강조한다. 요컨대 그는 예술의 실패는 예술의 사고이며, 바로 이 지점에서 사고 이론과 예술 담론이 서로 연결되어 예술의 진정한 가능성을 검토한다고 지적한다.

비릴리오는 이탈리아 예술가 엔리코 바이Enrico Baj와의 대담에서 예술의 사고에 대해 다음과 같이 설명한다. "예술은 과학이나 테크노과학이 아니다. 예술과 과학은 별개의 것이다. 그런데 예술의 사고는 있는가? 그렇다, 예술의 사고는 재현이다. 세상을 다르게 바라보게 되는 것이다."

비릴리오의 관점에서 보면 "예술가는 세계를 보는 새로운 시각으로 현실을 창조하는 사람"이다. 이때 기술의 사고든 예술의 사고든, "사고는 하나의 시각을 대체한 다른 시각으로 구성된다." 새로운 기술이나 예술은 새로운 방식의 지각과 재현을 만들어 내며 새로운 방식의 사유를 요구하기 때문이다. 따라서 비릴리오의 말대로 "예술은 세계를 보는 우리의 시각을 새로이 하는 것이다"(Virilio & Baj, 2003:31).

이런 맥락에서 '예술의 사고'라는 개념을 어떻게 이해하는 것이 바람직한가? 이 개념은 비릴리오가 예술을 무엇인가에 대항하고 비판하는 표현 매체로 보는 것과 깊은 관련이 있다. 여기서 예술이 표현하는 비판과 대항의 기능은 창조와 혁신이라는 긍정적인 힘을 지닌다. 비릴리오에게 예술의 비판과 대항의 기능, 즉 예술의 사고의 기능은 예술의 표현 기법들이 결합하여 세계를 새로이 보여 주거나 폭로하는 것이다.

조형예술과 시각예술의 실패

그러면 비릴리오의 관점에서 현대예술, 특히 조형예술과 시각예술이 어떤 사고에 직면하고 있는지 살펴보자. 《침묵의 절차》에서 비릴리오는 이미지의 동력화로 인해 정적 예술, 즉 회화와 조각을 포함한 조형예술이 엄청난 충격을 받았다고 지적한다. 나아가 그는 시각예술의 실패를 주장한 에릭 홉스봄Eric Hobsbawm의 견해를 전적으로 수용한다. 물론 급변하는 세계 속에서 시각예술은 자신의 영향력을 유지하려고 다양한 시도를 해 왔다. 예를 들어 인상주의에 의한 빛의 폭발, 입체주의에 의한 지각의 파편화, 미래주의에 의한 기계와 속도의 도입 등.

그러나 비릴리오는 비디오 이미지나 인포그래픽 이미지의 출현으로 시각예술이 사라질 수밖에 없다는 점에서 시각예술의 실패를 언급하지는 않는다. 실제로 시각예술의 어떤 분야는 카메라의 전기 동력, 비디오 카메라의 전자 동력, 컴퓨터의 논리적 추론 동력이나 인터넷 검색 엔진의 난입으로 더 이상 지속불가능하게 되었다. 그는 동력예술이 이미 조형예술의 정적 특성을 능가했다고 본다. 그리고 사진과 영화를 통해서, 오늘날에는 컴퓨터 합성 이미지와 가상현실의 범람을 통해서 동력이 오히려 예술을 생산하고 있는 점을 주목한다. 비릴리오는 홉스봄이 이미 직감했듯이 분명 어떤 실패가 있다고 본다(Virilio & Lotringer, 2005a:58).

이런 맥락에서 비릴리오가 동력예술이 조형예술보다 더 발전하고 있다고 지적할 때, 그가 역설적으로 시각예술을 거부한다는 것을 뜻하는가? 비릴리오는 오히려 조형예술의 특성이 동력의 영향을 받고 있다고 단언한다. 이는 분명 정적인 것에 운동(움직임)이 필요하다는 것을 나타낸다. 물론 이미지의 동력화와 시청각의 범위 내에서 현대적 운동(움직임)을 거치는 과정에서도 조형예술의 정적 특성에는 고정점이 있었다. 비릴리오는 고정점은 바로 '침묵'이라고 말한다. 그가 보기에 정적인 것과 침묵은 공존한다. 이때 조형예술에 치명적인 것이 발생했다.

이는 디지털 기계와 관계가 있다. 디지털 기술은 일반적인 모핑morphing에 의해 실시간으로 지각을 변화시키는 필터와 같다. 비릴리오의 관점에서 보면, 우리는 시각적이고 조형적인, 전통적인 정적 예술의 실패 그 이상의 무언가에 직면해 있다. 모든 감각이 디지털화되어 있기에, 우리는 지각의 현상학을 재구성하는 것에 직면해 있다.

어떤 측면에서 텔레비전 · 원격감시 · 과잉노출 시스템에 의해, 우리는 기계에 시각을 부여하는 차원을 넘어 광학을 제공하고 있다. 우리가 초망막 예술에 접근함에 따라 기계는 광학적이 된다. 이때 기계에 의한 감각의 수정이 생겨난다. 이는 바로 넓은 의미로 조형예술과 시각예술에 이의를 제기하는 사고가 된다.

그러면 조형예술과 시각예술은 기술로부터 살아남지 못하게 되는가? 이 예술들에 대한 중요한 이의 제기는 예술이 더 이상 자신의 역할을 하지 못한다는 점이다. 홉스봄이 어떤 실패를 폭로하듯이, 비릴리오 또한 이를 폭로하고자 한다. 비릴리오는 분명 20세기 예술에서 비극의 전조를 보았으나, 동시대 예술비평가들은 이를 인식하지 못했다. 《침묵의 절차》에서 그는 20세기 예술은 재앙이라고 단언한다. 시각기계와 동력이 20세기에 예술의 사고를 유발했다는 것이다(Virilio & Lotringer, 2005a:64).

비릴리오가 보기에 침묵의 예술, 정적 예술로서의 조형예술은 완전한 사고를 경험했다. 그러나 조형예술과 시각예술에 어떤 실패가 있었다는 것을 오늘날 인식하는 것은 어떤 의미를 지니는가? 이는 무엇보다 아직도 희망이 있음을 인정하는 것이다. 비릴리오의 논리에 따르면, 실패가 있을 때 희망은 하나의 가능성이 된다. 임계 상황을 인식하지 못하는 한, 희망조차도 없다. 비릴리오에게 실패의 논리, 사고의 논리는 그의 사유 세계의 논리이다. 이 논리에 비추어 보면, 사고는 긍정적인 것이다. 사고는 우리가 달리 지각할 수 없는 중요한 무엇인가를 폭로하기 때문이다. 이로써 비릴리오의 예술의 사고는, 실패와 폭로를 통해 예술의 기능과 가능성을 새로이 검토하고 세계를 다르게 바라보게 한다는 점에서 우리의 관심을 끌기에 충분하다고 여겨진다.

5 _ 속도의 예술

가속화와 과잉 노출

비릴리오가 정의하는 속도 개념이란 무엇인가? 비릴리오에게 "속도는 현상이 아니라 현상들 간의 관계"이다. 나아가 "속도는 환경이라 말해질 수 있다. 속도는 단순히 두 지점 사이의 시간의 문제가 아니라 운송수단과 전송수단에 의해 유발되는 환경이다"(Virilio, 2001:14).

비릴리오가 사유하는 속도의 영역에는 세 가지 혁명이 있다. 19세기 운송혁명, 20세기 전송혁명, 미래의 이식혁명이 바로 그것이다. 19세기 말 전신의 발명 이후 열차 · 자동차 · 비행기와 더불어 운송혁명이라 불리는 위대한 혁명이 일어났다. 비릴리오는 이를 "질주정 혁명révolution dromocratique"이라고도 부른다. 이때 발명된 것은 속도를 생산하는 기계적 운송수단이었기 때문이다. 이로써 가속장치의 시대가 가능해졌다.

운송혁명 이후 두 번째 혁명은 전송혁명인데, 이때 전송수단의 속도는 열차 · 자동차 · 비행기의 상대적 속도가 아닌 정보과학 · 사이버네틱스 · 텔레비전 등 전자기파의 절대적 속도('빛의 속도')이다. 비릴리오는 "전송혁명은 순수한 속도의 혁명, 말하자면 기본적인 속도의 혁명"이라고 말한다. 그는 이 전송혁명과 더불어 현대 문명을 지배하는 속도와 가속화를 다음과 같이 이해한다.

증기기관 · 내연기관 · 전기기관처럼 에너지에 기초한 가속화 시대 다음으로, 최신의 기관(엔진), 즉 컴퓨터와 소프트웨어의 논리 추론 기관, 가상공간의 현실 기관, 인터넷 검색 엔진의 정보과학에 기초한 가속화 시대가 온다. 새로운 전송수단의 국지적 가속화가 세계화로 나아가는 정보수단의 세계적 가속화에 자리를 내준다(Virilio, 1998:134).

비릴리오는 자신의 저서 《무슨 일이 일어나는가Ce qui arrive》에서 "진보하는 것은 가속화하는 것일 것이다"라고 주장한다(Virilio, 2002:28). 그에 따르면 영원한 진리의 코페르니쿠스적 탈장소화

délocalisation 이후, 우리는 대포 · 폭탄뿐 아니라 광학 · 역학에도 특권을 부여하는 기술산업의 지수함수적 발전을 목격하고 있다. 그의 관점에서 보면 이 모든 것은 현재의 세계를 소멸시키는 데 필요한 것이다.

비릴리오의 말대로, 이는 바로 질주학적 역사의 가속화이다. 비릴리오는 계몽주의의 세기 이후에는 '빛의 속도'의 세기, 곧 '속도의 빛'의 세기가 있을 것이라고 단언했다(Virilio, 2002:28).

이 지점에서 비릴리오는 근접의 법칙에 따라 이전 시대의 기계적인 이동수단으로부터 오늘날 원격통신의 절대적인 속도로 전이함으로써 분석을 위한 적절한 틈새가 공간에서 시간으로, 그리고 궁극적으로는 '빛'으로 옮겨 갔다고 강조한다. 비릴리오의 말대로 "미래의 도시", 미래의 세계는 "틈새의 즐거움"이다. 이때 틈새가 빛일 때 기계적으로 근접해 있는 공간은 전자기파의 동시적이고 순간적인 근접에 자리를 내주게 된다. 기계에 의해 원거리에서 만나는 것, 아니 오히려 동시에 여기와 다른 곳에서 원격현전하는 것, 이른바 이 실시간은 공간-실시간 이외에는 다른 어떤 것도 아니다(Virilio, 1995:22). 즉각적인 원격작용, 순간적인 원격현전, 이는 바로 비릴리오가 즐겨 말하는 '가까운 곳'과 '먼 곳' 사이의 간격이 더 이상 존재하지 않게 된 '과잉 노출'이다.

〈과잉 노출의 도시La ville surexposée〉에서 비릴리오는 스크린 기술의 발전과 확산으로 스크린의 인터페이스에서 모든 것이 이

미 순간적인 전송의 즉각성 속에서 보이기 시작한다고 지적한다
(Virilio, 1984:19). 편재하는 즉각성은 인터페이스의 침투와 간섭으로
귀결된다. 이때 속도는 공간과 시간의 거리를 대체하는 것으로
물리적인 차원의 개념을 소멸시킨다. 속도는, 그것이 공간적이
든 시간적이든, 모든 종류의 척도에 맞서는 주요한 스케일이 되
는 것이다. 이와 같은 현상은 속도라는 환경이 갖고 있는 순간의
관성과 등가를 이룬다. 이로써 원격작용과 원격현전의 가속화가
생겨난 셈이다.

《시각 저 끝 너머의 예술L'Art à perte de vue》에서 비릴리오는 이러
한 현상에 대해 다음과 같이 간결하게 요약한다. "실시간으로 원
격통신망의 가상공간을 주파하는 정보적 흐름의 편재성과 즉각
성에 전적으로 의존한 감동들을 음험하게 집단화하고 있는 전자
기적 진동"(Virilio, 2005c:92).

이러한 맥락에서 실시간의 '빛의 속도'와 현대 예술 문화의 관
계를 살펴보자. 비릴리오에 따르면 현대 미디어의 편재성이 갖
는 빛의 속도는 대중들을 감동시킬 수 있는 힘이다. 현대 미디어
의 문제는 분명 과잉 노출 상태에서 세계의 시공간적 차원의 소
멸과 정보적 흐름의 속도로 대중들을 압도하는 것과 관련이 있
다. 비릴리오는 빛의 속도로 움직이는 미디어의 출현이 물리적
근접의 경험과 대면 커뮤니케이션에 기반한 대중의 의식을 위험
한 상태에 이르게 하면서, 세계 속에서 삶의 존재 방식에 근본적

인 변화를 초래했다고 주장한다.

이런 관점에서 보면, 일상생활의 사건을 퍼뜨릴 수 있는 생방송 텔레비전과 오늘날 특히 유행하는 유튜브는 실제 사건을 '재현'하기보다는 오히려 '현시'한다고 할 수 있다. 비릴리오의 사유에 비추어 보면, 실시간 '빛의 속도'에 의해 생방송으로 이루어지는 현시présentation는 분명 재현représentation을 대신하며, 원격현전téléprésence은 바로 현시이다.

예술의 재현에서 예술의 현시로

이 지점에서 현대예술에서 왜 현시가 재현을 대체하고, 원격현전이 현전을 대체하는 현상이 생겨나는지 살펴보자. 먼저 공연예술에 속하는 무용과 연극이 현시와 현전의 예술이라는 점에 주목할 필요가 있다. 무용과 연극은 현전과 즉각성을 필요로 한다. 특히 무용은 순간의 예술이다. 비릴리오는 무용은 그 순간 이외에는 어떤 다른 가치도 지니지 못하는 현시라고 강조한다 (Virilio & Lotringer, 2005a:46). 실제로 현대무용가들은 고전 발레와 같은 엄격한 표현 형식에서 벗어났다. 이들은 무용에 우연성과 즉흥성을 도입한 머스 커닝엄Merce Cunningham과 존 케이지John Cage의 퍼포먼스에 영향을 받아 실시간으로 무용을 창조하고자 했다.

비릴리오의 관점에서 보면 엄밀하게 말해서 현대무용은 실시간의 예술, 라이브 예술이다. 무엇보다 중요한 것은 무용의 순간성이다. 그것은 속도와 보조를 맞춘다. 한 마디로 현대무용은 속도의 예술인 셈이다.

비릴리오는 "오늘날 모든 예술은 스펙터클이다. 무용 · 전시 · 연극 · 비디오 설치미술이든 사치Satchi가 후원하는 것과 같은 어떤 부류의 현시들이든, 그것은 오직 퍼포먼스일 뿐이다"라고 지적한다(Virilio & Lotringer, 2005a:47).

비릴리오의 사유 세계에서 현대예술의 퍼포먼스는 순간에 속한다. 퍼포먼스는 순간성이 감소하면서 사라질 수 있다. 어떤 방식으로든, 순간은 지속되지 않고 사라지는 것이기 때문이다. 그래서 비릴리오는 사라짐의 예술인 현대무용을 '실시간' 전자 환경의 일부로 파악한다. 이런 맥락에서 커닝엄이 자신의 무용이 완전히 사라지지 않도록 하기 위해 비디오로 기록한 것을 떠올려 보라.

이러한 예술 환경을 통찰한 비릴리오는 포스트모던 시대는 실체적 예술에서 우발적 예술로 방향 전환했다고 강조한다. 그는 예술의 현시 방식이 예술의 재현 방식을 대체하고 조형예술과 시각예술의 실제 공간은 실시간에 압도되었다고 말한다(Virilio, 2005c:12).

여기서 실시간 현시와 관련하여 빌 게이츠가 설립한 코르비스 에이전시의 다음과 같은 광고 슬로건을 살펴보자. "우리는 당신이 응시하는 어디에나 존재한다. 언제나 그리고 세계 도처에."

이 광고 슬로건은 더 이상 보려고 하지 않고 원격현전을 통해 오직 보여지기만을 바라는 현대인들의 욕망에 잘 부합한다. 비릴리오는 코르비스 에이전시가 전 세계 미술관에 소장된 작품들을 항상 볼 수 있게 한다는 프로젝트를 실행할 때, 이 실시간 현시의 의미가 갖는 중요성을 이미 부각시켰다. 원격현전이 예술작품의 실제 현전을 대신함으로써, 예술작품의 이미지는 인터넷상 카메라의 거시광학을 통해 보여진다는 것이다. 이는 바로 광학시대의 '재현의 위기'이다.

이러한 상황은 바로 "여기는 더 이상 없고 모든 것은 지금 부터이다"로 표현된다. 비릴리오는 "모든 예술—특히 모든 재현—은 질주적인 현시와 재생산 기술의 끊임없는 가속화에 의해 훼손되고 파괴될 수 있다"고 강조한다(Virilio, 2002:72). 이때 현시와 재생산 기술은 분명 주체(예술가)와 대상(예술작품) 사이의 시공간을 아무것도 아닌 것으로 만들면서 예술작품의 고유성과 지속의 개념을 파괴한다.

이런 맥락에서 "광고가 사용하는 '고속의 예술art à grande vitesse'의 기술"에 주목했던 앤디 워홀을 떠올려 보라(Virilio, 2002:78). 말하자면 워홀은 고속의 예술의 기술과 대중에게 조작적 이미지의 지시에 따르게 하는 창의력으로 예술가의 지위와 예술작품의 독창성을 사라지게 했다. 나아가 그는 예술가와 대중 사이에서 생겨난 예술작품의 이해 수준의 차이에 관심을 지녔다.

그러면 비릴리오는 예술과 기술의 융합을 어떻게 이해하고 있는가? 비릴리오에 따르면, 비디오 아트와 수많은 설치미술은 어디에서나 그리고 아무 데서도 '순간적인 현전'을 위해 여기 지금 우리의 감각적인 현전을 의문시했다. 비릴리오의 견해로는, 디지털 시대에 기계는 더 이상 어떤 것도 재현하지 않고 자신의 순간적인 현전을 창조한다. 말하자면 "기계는 모든 것, 모든 감각을 재구성하기 때문에 기계가 하는 일은 현전하는 것이다"(Virilio & Lotringer, 2005a:67).

비릴리오의 말대로 예술작품의 실제 공간 안에서 재현은 더이상 문제가 되지 않으며, 무엇보다 중요한 것은 설치미술과 퍼포먼스의 무조건적인 실시간 현시이다. 이렇게 실시간 현시가 생겨나는 순간, 현대예술에는 무슨 일이 일어나는가? 극초음속의 가속화 속에서 "기억도 없고 규칙도 없는 문화, 즉 망각의 예술"이 생겨난다. 여기서 비릴리오는 감각들의 동시화가 원격통신 기술에 전적으로 의존하고 있는 원격현전에 모든 예술적 재현을 응결시킨다고 강조한다(Virilio, 2005c:63).

이 지점에서 비릴리오는 세계에 대한 시각이 '원격객관적'이된 상황에 어떻게 대처하는 것이 바람직한지를 깊이 고민한다. 비릴리오에게 관건은 실시간의 가속화가 실제 시간의 이행을 압도해 버린 상황에서 어떻게 예술작품의 실제 공간을 유지할 수있느냐에 달려 있는 듯하다. 결국 실시간의 가속화로 인한 현대

예술의 문제는, 과잉의 전시와 실시간 예술을 추동하는 디지털 문화와 인터넷에 힘입은 예술 소비의 새로운 방식과 깊은 관련이 있다고 할 수 있다.

예술의 가상화와 탈장소화

비릴리오는 가속화되는 가상화의 공간을 어떻게 이해하는가? 그는 네트워크들의 네트워크인 인터넷과 더불어 온라인 카메라에 의해 가상화의 공간이 생겨난다고 말한다. 그의 말대로 오늘날 인터넷은 완전히 가상화된 현실 공간 속에서 작동하는 자동 시각기계가 되고 있다. 그것은 즉각적인 원격통신을 촉진하는 빛의 속도와 같은 속도로 작용한다. 이로써 인터넷상에서 현실 공간을 대신하는 가상공간을 보는 것은 매우 쉬운 일이다.

이러한 상황은 현실의 가속화와 깊은 관련이 있다. 비릴리오에 따르면, 오늘날 세계를 원격조종하는 속도의 현실 효과라는 피상적 시간이 만들어지고 있다. 따라서 '장소'의 현실인 물질-시간에 뒤이어 모든 시간의 진리를 변화시키는 가상현실인 빛-시간이 오며, 이는 시간의 우연성과 더불어 모든 현실의 가속화, 예를 들어 사물의 가속화, 존재의 가속화, 사회문화적 현상의 가속화, 예술의 가속화를 초래한다(Virilio, 1998:131).

이런 맥락에서 인터넷 네트워크로 조직된 가상화의 공간, 다시 말해서 인터넷의 즉각성과 편재성에 힘입어 원격현전하는 가상화의 공간에 대해 어떻게 말할 수 있는가? 특히 예술과 관련하여 탈장소화에 대해 어떻게 말할 수 있는가? 오늘날 기술과의 융합을 시도하는 예술의 입장에서 말하자면, 예술이 어떻게 자신의 장소에서 벗어나 탈장소화할 수 있느냐가 문제이다. 그리고 이는 바로 가상화와 가상현실의 문제에 연결된다.

이 지점에서 비릴리오는 예술사에서 추상주의와 입체주의에서 보이는 해체에 주목한다. 말하자면 추상주의와 입체주의에서 형태의 사라짐과 더불어 형태의 해체를 연장하는 탈장소화는 분명 가상화의 결실로 간주된다고 지적한다. 여기에 덧붙여 그는 추상주의와 입체주의의 공간적 해체가 이제 시간적 해체로 전환되고 있다고 단언한다. 비릴리오의 관점에서 보면, 이는 분명 실시간의 가상화를 의미한다. 비릴리오에게 "가상성은 우리로 하여금 가속의 한계에 이르게 하는 전자기파의 속도이다"(Armitage, 2001:128). 그것은 생방송 전송, 실시간, 순간적인 상호작용의 문제이다.

그러면 예술이 실시간의 벽에 부딪힐 때, 예술은 어떤 형태로 이에 대응하면서 탈장소화할 수 있는가? 예술과 탈장소화 사이에서 무슨 일이 일어났는지를 파악하려면 먼저 예술사를 살펴볼 필요가 있다. 예술은 처음에 신체와 물질에 새겨졌다. 그것은 바로 예술의 장소화였다. 따라서 예술의 장소화는 예술의 기원 이래로 신체, 벽화, 모자이크 등에서 발견되었다. 이후 장소를 옮

길 수 있는, 즉 화가臺架에 얹어서 그리는 회화와 더불어 탈장소화가 시작되었다. 이는 분명 "상대적인 탈장소화, 말하자면 장소의 상실이 아닌 이동의 가능성"이었다.

이 대목에서 비릴리오가 오늘날의 탈장소화를 어떻게 이해하고 있는지를 살펴보자. 비릴리오에게 탈장소화는 미지의 장소이다. 그가 보기에, 예술은 미지의 장소일 수 있다. 그리고 예술은 신호의 발신과 수신 속에서만, 피드백 속에서만 존재할 수 있다. 네트워크 기반 인터랙티브 아트, 디지털 아트를 떠올려 보라. 비디오 아트와 그것의 탈장소화된 설치 이후, 상호작용 기술과 더불어 오늘날의 예술은 예술가와 관람자 간의 순간적인 교환의 수준, 즉 탈장소화에 이르게 된 셈이다. 이런 현상은 결국 형태의 사라짐과 더불어 형태의 해체를 연장하는 탈장소화가 상호작용 피드백을 갖게 하는 예술을 산출한 결과이다.

이런 맥락에서 현대예술은 형태의 해체에서 작품이 지니는 시공간의 파괴와 디지털 이미지로, 가상화로 나아갔다고 할 수 있다. 여기서 비릴리오가 현대 사회문화적 현상에서 비롯되는 가상화의 예로 제시한 신체 분리와 해체를 향한 사이버섹스에 주목할 필요가 있다. 사람들은 감각을 전달하는 센서들에 의해 원거리에서 원격 사랑을 할 수 있다.

비릴리오가 보기에, 사이버섹스는 완전한 탈장소화에 해당한다. 거기에는 특정한 장소도 없으며 감각의 발신과 수신만이 있을 뿐이다. 비릴리오의 말대로, 이때 탈장소화는 즉각적으로 원 거리까지 신호를 전달하는 가상의 투명성에 힘입어 지각할 수 있는 것을 증대시키고 현실을 가속화한다(Virilio, 1998:133).

현대예술에서도 이와 같은 현상은 이미 발생했다. 가상현실에서 예술의 가상화 혹은 탈장소화 말이다. 최근 랜드 아트land art의 예술가들은 다양한 웹 카메라로 자신의 작품을 설치하려고 시도한다. 이로써 사람들은 스크린 속에서 여행을 한다. 아메리카를 일주하고, 스톡홀름에 가고, 심지어 극지의 어둠 속에 잠겨 있는 남극 기지를 구경할 수도 있다. 웹 카메라는 지금 당장 세상의 다른 끝까지 어떤 일이 일어나고 있는지를 실시간 빛의 속도로 알려준다. 바로 실시간의 가상화 혹은 탈장소화이다.

이런 맥락에서 예술이 갤러리에서의 전시나 설치에서 마침내 사라져 가상현실에 의해 감각들의 순간적인 교환 속에 있게 되는 것에 대해 깊이 생각해 볼 필요가 있다. 이와 관련하여 비릴리오는 "오늘날 우리가 경험하는 것은 출현의 미학이 아닌 사라짐의 미학"이라고 이미 밝힌 바 있다(Armitage, 2001:130).

비릴리오가 말하는 가상화 혹은 탈장소화는 한 마디로 전자기에서 비롯된 것이라고 할 수 있다. 그는 "1970년대 이래로, 우리는 전자기적 접근의 효과, 즉 발신과 수신 속으로, 피드백 속으로 들어갔다"고 강조한다(Armitage, 2001:133). 나아가 그는 예술에서 탈장소화의 문제가 페르낭 레제Fernand Léger의 〈기계적 발레Ballet mécanique〉의 기계에너지를 대체하는 에너지에 연결되어 있다는 강한 인상을 받는다고 말한다. 사람들은 탈장소화하는 에너지, 자신의 장소를 상실하는 에너지를 필요로 하기 때문이다.

실제로 비릴리오는 예술과 미학에 대하여 레제에게서 많은 아이디어를 이끌어 냈다. 그는 〈기계적 발레〉에서 출현의 미학을 거부하는 형태로서 사라짐의 미학을 발견해 낸 듯하다. 그는 기계에 의한 형태의 해체에서 비롯된 탈장소화를 기존 예술에 대항하는 예술로 파악하기 때문이다.

이렇게 가상화 혹은 탈장소화를 지향하는 예술가들은 예술이 더 이상 장소를 갖지 않으며 순수한 에너지로 되었다는 것을 수용한다고 비릴리오는 주장한다. 이 예술가들이 예술의 장소의 상실, 즉 예술의 비장소를 예상한다는 것이다. 구체적으로 말하자면, 피드백 수준에서 빛의 속도의 이미지를 내포할 수 있는 강력한 효과 속에서 예술의 비장소를 예상한다는 것이다. 이런 맥락에서 비릴리오는 비디오 설치미술과 '탈장소화'와 관련하여 자신의 견해를 다음과 같이 표명한다.

이전에 우리는 어떤 장소에 사물을 설치하고 변화시키며 그 기반 위에서 세계를 보여 줄 수 있었다. 그것은 바로 완전한 장소화였다. 오늘날 우리가 설치미술을 볼 때, 그것은 스스로 장소를 뒤바뀌게 하고 탈장소화하고 있다(Armitage, 2001:135).

비릴리오가 보기에 비디오 설치미술은 헤쳐 나아가고 장소를 상실하고 미지의 장소가 되고자 한다. 이때 장소를 뒤바뀌게 하고 탈장소화하는 것은, 어떤 장소에 가는 것이 아니라 미지의 장소가 되는 것을 뜻한다. 달리 말하면 더 이상 어떤 장소에도 있지 않는 것을 의미한다.

이 지점에서 분명 예술의 현전 문제가 제기될 수 있다. 비릴리오의 지적대로 예술이 셸cell 방식(이동통신의 새로운 방식)의 예술을 향해 나아간다면, 예술의 현전을 어떻게 이해해야 하는가? 우리는 휴대용 예술portable art을 갖게 되는가? 예술이 이미 자신의 공간을 떠나 미디어 세계를 통해 이동하거나 유동하기 시작한 이래로 예술의 현전은 실제로 가능한 것일 수 있는가? 이러한 물음들은 오늘날 예술의 소비 패턴, 즉 셸폰으로 예술을 소비하는 문화와 직접 관련이 있는 듯하다.

빌 게이츠가 자신의 벙커 건물에 늘어선 스크린들에 전 세계 미술관들의 모든 그림을 불러낼 때, 그는 이미 우리로 하여금 예술의 원격현전이 어떻게 펼쳐질 것인지를 예상하게 했다. 이후 구글이 기획한 '구글 아트 프로젝트Google Art Project' 온라인 플랫폼을 떠올려 보라. 이는 전 세계 모든 작품을 가상공간에서 실시간으로 감상할 수 있는 예술의 원격현전의 대명사격이 되었다. 여기에 덧붙여 가상현실 갤러리인 신서시스 갤러리Synthesis Gallery가 기획한 마르크 리Marc Lee의 설치미술 〈10,000개의 움직이는 도시들—같지만 다르다〉, 그리고 최근 팀랩teamLab이 기획한 설치미술 〈팀랩 보더리스〉를 주목해 보라.

이들 설치미술은 디지털 기기를 통해 가상공간에서 실시간으로 볼 수 있는데, 마르크 오제Marc Augé가 《비장소Non-Lieux》에서 기술한 바 있는 실시간의 비장소 혹은 실시간의 탈장소화를 창출하고 있다.

이런 맥락에서 오늘날 예술의 현전, 예술의 장소화는 분명 위협받고 있는 듯하다. 그러면 이러한 위협에 대한 해결책은 어디서 찾아야 하는가? 이는 무엇보다 오늘날 예술이 지향하는 일시성의 문제에 있다고 여겨진다. 실제로 비릴리오가 말하는 탈장소화는 우리를 장소로부터 해방시키는 가속화 속에서 일어나고 있다. 구체적으로 말하면 우리는 속도의 한계, 즉 편재성·즉각성·순간성을 창출하는 능력에 도달했다. 비릴리오의 말대로 빛의 속도의 벽에 도달했다는 사실은, 우리를 편재성을 경험하게 하는 현대인으로 만든다는 것을 뜻한다. 이러한 속도의 환경 속에서, 오늘날 예술은 세계화의 양상을 띠고 있다.

비릴리오에 따르면, 이러한 현상은 엄밀히 말해서 공간의 간격도 시간의 간격도 아닌, 제3의 간격인 빛의 간격에서 비롯된다고 할 수 있다. 이 빛의 간격이 편재성을 창출한다. 달리 표현하면 우리에게 세계 반대편에서 일어나는 일을 경험하게 하는 것이다(Virilio, 1995:68).

이런 점을 현대예술과 관련지어 고려해 볼 때, 우리는 오늘날 예술의 원격현전으로 인한 예술의 사라짐에 직면하고 있는가? 예술의 사라짐의 가능성은 19세기에 예술이 사라질 수 있다고 통찰한 여러 예술가들에 의해 환기되어 왔다. 그러나 이들은 예술의 사라짐이 종말론적이라고 말하지는 않았다.

예술의 여기 지금, 예술의 현전과 일시성에 대해 사유하는 것은 오히려 예술의 사라짐에 대항하는 것이 아닌가? 문제는 예술의 가상화 시대에 예술의 탈장소화가 조형예술과 시각예술의 '실재'의 가속화를 수반한다는 점이다. 이는 바로 예술 공간에 대해 이의를 제기하는 것이다.

이 지점에서 가상공간의 출현은 유례 없는 예술 공간 변화의 징후로 읽어야 하며, 따라서 가상현실 문화가 예술의 세계에 커다란 도전이 되고 있음을 성찰할 필요가 있다고 여겨진다.

제2장 **시뮬라크르 세계의 예술, 초미학**

1 _ 보드리야르와 현대예술

보드리야르는 문화와 예술에 관한 급진적이고 도발적인 글쓰기를 통해 자신의 사유 세계를 구축한 탁월한 사상가이다. 그는 현대예술과 미학, 문화 생산의 영역에서 다양한 지적 모험을 시도하면서 현대성을 새롭게 해석했다. 예술이 매우 중요한 변화의 움직임에 걸려들 때, 그는 아이러니한 사유로 앤디 워홀처럼 변화에 앞서 정면으로 헤쳐 나갈 줄 알았다. 그래서 그의 사유와 이론은 문화예술계의 관심을 집중시키면서 때로는 신랄한 논쟁을 일으키고 때로는 놀랄 만한 충격을 가져오기도 했다.

보드리야르는 현대예술, 문화와 관련된 저술 활동 이외에도 대담, 심포지엄, 세미나, 강연, 논쟁, 텔레비전과 라디오 방송 출연 등의 활동으로 세계 예술계의 주목을 받았다.

그는 뉴욕현대미술관MOMA에서 '디자인과 환경'에 관한 강연을 했으며, 이탈리아 우르비노의 국제 기호학과 언어학 센터에서 〈코드와 시뮬라크르〉라는 글을 발표했다. 세계적 예술잡지《아트포럼Artforum》과《현대예술 잡지A Contemporary Art Magazine》에도 글을 기고했다. 무엇보다 뉴욕 휘트니Whitney미술관이 기획한 '20세기 미국의 예술과 문화' 강연은 보드리야르가 미국 예술계의 총아가 되는 계기가 되었고, 그해 파리 퐁피두센터에서 '스타일, 예술과 일상의 변화'라는 제목으로 개최된 움베르토 에코Umberto Eco와의 대담은 현대세계의 '새로운 경향들'을 진단하는 자리가 되었다.

　현대예술에 대한 보드리야르의 사유는 팝아트의 선구자인 앤디 워홀의 사유와 일맥상통하는 면이 있다. 그리하여 그는 앤디 워홀에 관한 연구에 집중하기도 했다. 퐁피두 센터에서의 강연('앤디 워홀, 기계적 스노비즘'), 프랑스 텔레비전 방송 A2에서의 대담('나의 이름은 앤디 워홀'), 프랑스 텔레비전 방송 카날Canal에서의 인터뷰('앤디 워홀로부터') 등이 그러하다.

　보드리야르의 예술비평 활동은 이런 수준에 머물러 있지 않았다. 한 걸음 더 나아가 그는 베니스 비엔날레 스위스관의 협력자로 활동하다가 《리베라시옹Libération》지에 평론 〈예술의 음모Le complot de l'art〉를 발표하면서 세계 예술계를 발칵 뒤집어 놓았다. 예술과 관련된 그의 책들 《악의 투명성La Transparence du Mal》, 《완전범죄Le crime parfait》, 《불가능한 교환L'Échange impossible》, 《투명한 계약 혹은 악의 공모Le Pacte de lucidité ou l'intelligence du Mal》, 《왜 모든 것이 이미 사라지지 않았는가?Pourquoi tout n'a-t-il pas déjà disparu?》에는 현대예술과 초미학, 사진에 관한 중요한 글들이 실려 있다.

　보드리야르는 확실히 바타유Georges Bataille처럼 전복적인 사유와 글쓰기를 통해 현대예술의 존재와 의미에 대해 강한 의혹을 드러냈다. 말하자면 그는 예술이 처한 상황을 예리하게 꿰뚫어 보면서 예술의 위상을 인정하지 않는 동시에 예술의 특성을 부정하려고 했다. 예술에 대한 그의 이런 사유는 '예술의 음모(공모)', '초미학transesthétique', '예술의 사라짐'이라는 반反예술, 혹은 예술에 대한 부정적인 입장 표명으로 나타난다.

보드리야르의 현대예술론은 분명 우리 문화예술계에 소개되었지만, 이에 대한 논의는 아직 활발히 이루어지지 않는 듯하다. 이 점을 고려하여, 보드리야르의 현대예술론 논의에서 자칫 간과할 수 있는 '시뮬라크르 세계의 예술', '시뮬라시옹 이론과 회화'를 면밀히 살펴보고자 한다. 실제로 보드리야르의《시뮬라크르와 시뮬라시옹Simulacres et Simulation》이 출간되어 미국 예술계의 주목을 받으면서 보드리야르의 역할이 매우 중요해졌다. 그의 이론이 미국 예술가들에게 통용되고 있었기 때문이다. 특히 '시뮬라시옹 회화'에 대한 미국 예술가들의 관심이 매우 컸으며, 이들은 보드리야르의 이론으로 무엇을 할 수 있는지에 초점을 맞추려고 했다.

보드리야르는 현대예술에 대한 급진적 사유를 통해 '예술의 음모(공모)'가 왜 발생하는지를 철저히 밝히려고 시도했다. 이러한 시도와 함께, 그는 예술의 상품화와 예술의 팽창으로 인해 예술의 영역에서 생겨나는 초미학 현상을 탐구했다. 이런 과정에서 보드리야르는 반미학에 비견될 수 있는 '초미학'이라는 독창적인 개념을 창안해 냈다.

초미학은 그의 현대예술론의 핵심적 주제이다. 그는 초미학 현상을 통해 세계를 미학화하는 것이 예술의 가치와 의미를 사라지게 하는 것임을 파악했다. 초미학화된 세계가 왜 예술의 사라짐을 초래하는지, 현대예술은 왜 무가치한 것인지를 비판적으로 검토하면서 현대예술의 진정한 기능을 향한 길이 무엇인지 살펴보자.

2 _ 시뮬라크르 세계의 예술

"한 문명 전체의 위상은 사물의 존재 방식과 더불어 변화한다." 자신의 말대로 보드리야르는 기술문명이 초래한 사물의 의미와 지위 변화에 주목하고 사물의 세계와 그 현상을 탐구했다. 보드리야르가 보기에 무엇이 사물의 의미와 지위를 바꾸어 놓았는가. 그는 기술의 발전에 힘입어 대량생산되는 사물, 특히 광고와 대중매체가 이런 현상을 낳았다고 본다.

보드리야르의 사유 세계에서 상품, 패션, 광고, 매체, 정보, 의사소통 등은 인간을 유혹하고 압도하고 지배하는 사물들이다. 그가 보기에 도처에 사물이 범람하고 포화상태에 이르렀기 때문에 이상증식하고 이상발달하여 극단으로 나아간다. 보드리야르는 이를 '사물의 황홀경extase de l'objet'이라 했다.

'문화적 사물'인 광고와 대중매체가 범람하는 시대에 보드리야르는 '우리가 보는 것은 진짜(실재)인가'에 대한 근본적인 물음을 던진다. 그의 관점에서 보면, 사물이 극단적이 되고 있는 상황에서 사물 세계에 대한 새로운 관계가 형성된다. 진짜와 가짜가 구별되지 않고, 진짜보다 더 진짜 같은 가짜, 가짜보다 더 가짜가 추구된다.

이런 현상은 실재보다 더 실재적인 실재, 즉 초과실재(하이퍼리얼리티hyperreality)로 예증되는 매혹적인 것, 즉 '시뮬라크르로서의 이미지'를 만들어 낸다. 이는 바로 보드리야르가 말하는 '시뮬라시옹 현상'이다. 이로써 대니얼 부어스틴Daniel Boorstin의 표현대로 현대인들은 '가짜 사건, 가짜 역사, 가짜 문화의 세계 속으로 들어간다." 이런 상황은 '시뮬라크르로서의 이미지'가 현대사회에 침투하여 실재를 대체하면서 현대인의 삶을 지배하는 것과 밀접한 관계가 있다.

사물의 세계와 시뮬라시옹 현상에 대한 사유처럼, 예술에 대한 그의 사유 또한 그 출발점부터 아이러니하면서도 독창적이고 매우 분명하다.《소비의 사회La société de consommation》에서 그는 "예술은 단지 기호나 이미지의 소비에 지나지 않는다"라고, "팝아트는 소비의 예술"이라고 단언한다. 그는 팝아트의 사회문화적 타당성을 다음과 같이 분석한다.

현대적 사물의 '진리'는 무엇에 쓰인다는 데 있는 것이 아니라 의미작용을 한다는 데 있다. 이것은 도구로서가 아니라 기호로서 조작되는 것이다. 그리고 팝아트의 공적은 기껏해야 이것을 우리에게 사실대로 가르쳐 준 데 있다(Baudrillard, 1970:180).

이 지점에서 사물이 기호와 이미지의 조작을 따를 수 밖에 없는 상황을 예술에 관한 담론과 연결 지어 살펴보자. 먼저 사물의 지위 변화와 더불어 예술에서 사물의 재현의 역사를 추적히는 일이 선행되어야 할 듯하다. 보드리야르에 따르면 "전통예술에서 상징적 · 장식적 역할을 담당하던 사물은 20세기에 접어들면서 도덕적 · 심리적인 가치 변동에 따라 변화하기를 중단했다… 하지만 추상예술의 출현으로 파괴되고 사라져 버린 사물이 구상예술과 팝아트에서 다시 자신의 이미지와 일치하게 되었다"(Baudrillard, 1970:174~175).

이는 '사물의 지위 변화를 나타내면서 사물이 갑작스레 구상예술과 팝아트가 다루는 주제의 핵심으로 부상했다는 것을 의미한다. 이런 맥락에서 "팝아트는 사물을 좋아하는 것", 그리고 "사람들이 좋아하는 사물을 만드는 것"이라는 워홀의 정의를 생각해 볼 필요가 있다. 이때 보드리야르의 소비 논리의 관점에서 보면 "사람들이 좋아하는 사물을 만드는 것"은 바로 이미지와 기호의 조작이다.

이렇게 보드리야르가 팝아트를 이미지와 기호의 조작으로 이해할 때, 예술의 재현에 전통적으로 부여하는 예술의 고유한 지위가 인정되지 않고 사라진다. 좀더 자세히 설명하면, 예술에서 사물의 본질인 실재가 이미지보다 특별히 우월하지 않다는 것이다. 여기서 주목해야 할 것은 팝아트 이전의 예술이 초월성에 근거했던 반면, 팝아트는 기호의 내재적 질서에 동화하려 한다는 것이다. 보드리야르의 말대로 팝아트는 이미지(기호)의 산업적·계열적 생산, 환경과 분위기의 인위적·인공적 장치 및 시스템, 사물의 포화상태에 동화하려 한다.

보드리야르가 보기에 팝아트는 숭고함과 고유성을 상실한 예술, 즉 순전히 이미지와 기호의 조작에 근거하는 예술이며, "사물을 창조하지 않고 사물을 생산하는 예술"이다(Baudrillard, 1970:176). 보드리야르는 팝아트가 과거 모든 회화의 고고한 분위기이자 신비스러운 개성이었던 내면적 빛, 즉 '아우라'를 상실한 채 외재성을 강조한다고 주장한다.

이런 상황에서 이미지와 기호의 조작으로 일상적 사물을 가장 잘 표현한 예술가는 아마도 앤디 워홀일 것이다. 그는 "사물과 지각의 세계를 구성하는 원리"가 '시뮬라크르로서의 이미지'에 있음을 예리하게 파악했다. 보드리야르가 보기에, 워홀은 시뮬라크르와 시뮬라시옹의 시대를 증언하는 임무를 충실히 실행하면서 '시뮬라크르 세계의 예술'을 실천한 셈이다.

실제로 워홀의 작품에서 우리가 보는 것은 끝없이 반복되는 복제 이미지이다. 이 지점에서 워홀의 복제 이미지의 반복이 보드리야르가 말하는 차이의 생산에 연결되는지 살펴보자. 보드리야르는 "차이의 생산이 극한에 도달하면 반대물로 전화한다"고 말한다. "반복이 더 이상 차이를 생산해 내지 못하고 동일자의 무한증식"(복제)으로 전락했다는 것이다. 이때 동일자의 무한증식은 자신의 원본과 동일하지 않으며, 결코 같은 것이 아니다. 〈캠벨수프 깡통〉, 〈브릴로 박스〉, 〈80개의 2달러 지폐〉를 떠올려 보라. 시리즈적으로 재생산된 작품은 원본성을 상실한다. 원본 없는 복제. 워홀은 바로 이런 시뮬라크르 세계의 예술을 보여 준다.

이런 맥락에서 "반복이 같은 이미지를 변화시키는 방식을 좋아한다"라는 워홀의 표현은 들뢰즈Gilles Deleuze의 '차이와 반복', 보드리야르의 '동일자의 무한증식' 둘 다에 연결되는 듯하다. 실제로 워홀의 복제 이미지는 자세히 살펴보면 작품의 경우에 따라 미세한 차이가 난다. 말하자면 워홀의 "이미지가 반복될수록 모델의 실재성은 희미해진다." 반복되는 그의 이미지를 보면 보드리야르의 유명한 말대로 "실재가 이미지의 안개 속으로 사라지"는 듯하다. 이렇게 사라진 실재의 자리를 대신하는 것은 반복되는 복제 이미지, 즉 시뮬라크르로서의 이미지뿐이다.

보드리야르의 관점에서 보면 '차이와 반복', '차이의 생산'을 지향하는 시뮬라크르 세계의 예술은 '유희'와 '조작'에 연결된다. 보드리야르는 "팝아트는 지각의 여러 수준에서 유희와 조작으로 정의될 수 있다"고 강조한다. 여기에 덧붙여 "팝아트의 논리는 미적 가치 평가와 사물의 형이상학과는 다른 곳에 있다"고 주장한다(Baudrillard, 1970:182). 보드리야르의 이런 주장에서 주목해야 할 것은, 팝아트의 미적 가치와 사물의 본질적 존재를 과연 제대로 평가할 수 있느냐라는 점이다. 어쨌든 보드리야르에게 시뮬라크르 세계의 예술은 그가 말하는 '초미학'에 연결되고 있다.

3 _ 시뮬라시옹 이론과 회화

시뮬라시옹에 대한 보드리야르의 사유가 많은 반향과 센세이션을 일으켰던 1980년대 뉴욕에서 새로운 기하학적 예술이 출현했다. 당시의 열광적인 분위기에 힘입어 이 예술에는 '시뮬라시옹주의simulationism'와 '네오-지오Neo-Geo'라는 두 개의 이름이 붙여졌다. 기하학적 예술의 추상기법을 해독하기 위해 피터 핼리Peter Hally, 애쉴리 비커튼Ashley Bickerton 같은 예술가들은 보드리야르의 시뮬라시옹 이론을 수용하면서 추상예술가들의 새로운 시뮬라시옹주의를 이끌었다. 여기서 한 걸음 더 나아가 제프 쿤스Jeff Koons, 로스 블랙너Ross Bleckner, 하임 스타인바흐Haim Steinbach, 피터 나기Peter Nagy 같은 서로 어울리지 않는 예술가들은 시뮬라시옹주의의 다른 이름 네오-지오를 만들어 냈다. 보드리야르의 표현을 빌리면, 이들 예술가들은 상호간 토론이나 논쟁이 없었는데도 보드리야르를 선조로 다시 분류하려고 했다. 이는 완전한 오해 속에서 사회적으로 매우 소외된 네오-지오를 만들어 냈다고 보드리야르는 지적한다.

어쨌든 시뮬라시옹주의를 지향한 이들 예술가들의 작업은 대체로 추상회화의 전통에 대해 아이러니한 거리를 유지하고 있었다. 실제로 이들의 작업은 추상회화의 전통을 차용 가능한 레디메이드들의 저장고로 다루었고, 네오-지오는 추상회화보다 차용미술에 더 가까운 것처럼 보였다(Foster, 1996:166). 사실 네오-지오는 추상회화와 개념적 관계를 구축하지 않고 추상과 거리를 두었다. 네오-지오는 추상과 재현을 모두 차용했지만 그것들을 상호대립적인 것으로 받아들이지 않았다. 그러면 포스트모더니즘 이전에는 추상과 재현의 관계가 어떠했는가? 핼 포스터Hal Foster에 따르면 "모더니즘의 전성기에는 추상은 재현을 억압했거나 (더 정확히 말해서) 지양했으며, 이렇게 지양됨으로써 재현은 폐기되었을 때조차도 보존되었다"(Foster, 1996:103).

그러나 네오-지오가 추구한 방식인 시뮬라시옹에서는 재현은 보존되지 않는다. 추상이 재현을 지양하려는 경향이 있는 반면, 시뮬라시옹은 재현을 파괴하려는 경향이 있다. 보드리야르의 견해는 이를 뒷받침해 준다. "시뮬라시옹은 재현과는 정반대이다. … 시뮬라시옹은 재현의 체계 자체를 송두리째 시뮬라크르로서 감싸 버린다"(Baudrillard, 1981:16). 이로써 시뮬라시옹은 재현을 대체하는 것으로 이해될 수도 있다. 시뮬라시옹 방식이 포스트모던 사회에서 이루어지는 반복되는 복제 이미지 생산에 본질적이기 때문이다.

그러면 보드리야르와 달리 들뢰즈는 재현과 관련하여 시뮬라시옹을 어떻게 이해했는가? 들뢰즈는 "현대적 사유는 재현의 파산과 더불어 태어났다"고 생각하기 때문에 현대를 '허상, 즉 시뮬라크르의 세계'로 보았다. 들뢰즈에게 시뮬라크르는 유사성을 가장할지는 모르지만 실제로 비유사성으로 구성된 것이다. 시뮬라크르에 대한 이러한 이해는 현대예술에 대한 우리의 사유를 재검토하게 한다. 가령 팝아트는 추상표현주의 이후 재현으로의 귀환이라기보다는, 시뮬라시옹—원본과의 유사성이 없는 이미지들의 생산—으로의 전환으로 간주될 수 있다.

그러면 팝아트 이후 네오-지오의 시뮬라시옹 회화에서 시뮬라시옹의 위상은 어떠한가? 이 경우 시뮬라시옹은 재현의 개념을 파괴하고 무너뜨리는 것으로 이해될 수 있다. 셰리 레빈Sherrie Levine의 회화들이 어떻게 원본도 사본도 아닌 것처럼 보이는지, 어떻게 그것들이 재현의 범주들을 뒤흔들어 놓는지를 살펴보면, 우리는 시뮬라시옹과 재현의 관계를 잘 파악할 수 있다.

보드리야르는 "시뮬라시옹은 기호(이미지)에 의한 현실의 단락court-circuit과 현실의 이중화redoublement에 상응한다"고 기술한 바 있다. 그런데 많은 네오-지오 예술가들은 기호(이미지)에 의한 이 이중화를 재현하고자 했다. 핼리의 〈독방과 도관Cell and Conduit〉 회화들에서처럼 포스트모던 공간 모델들의 추상에 대한 재현, 잭 골드스타인Jack Goldstein의 스펙터클 회화들에서처럼 시각의 기술적 양상들의 추상에 대한 재현 등이 그러하다. 시뮬라시옹 회화는 이렇게 추상과 재현이라는 이질적 요소들을 합체시킨 것처럼 보였다.

여기서 추상을 재현한다는 것은 어떤 것인가? 포스터의 견해에 따르면 포스트모던 시대의 컴퓨터 같은 표징들은 분리된 개별적 대상들이기보다는 확산된 네트워크들인 까닭에 재현에 저항하는데, 이는 모든 곳에 있는 동시에 아무 데도 없는 질서가 재현에 저항하는 것과 같다(Foster, 1996:105). 이런 연유로 해서 시뮬라시옹 회화는 곤경에 직면한 것처럼 보인다. 예를 들어, 핼리 같은 예술가들은 추상적 과정들을 재현하려고 시도하지만, 단지 그 과정들을 단순화할 뿐이기 때문이다. 마찬가지로 골드스타인 같은 예술가들은 추상적 효과들을 재현하려고 시도하지만, 단지 그 효과들을 신비화할 뿐이기 때문이다(Foster, 1996:105).

추상을 재현하듯이, 시뮬라시옹을 재현하는 것은 시뮬라시옹을 신비화하는 것이 아닐까? 특히 시뮬라시옹 회화에서 시뮬라시옹 이론을 사용하는 것은 회화 자체의 개념과 본질에 반대되는 것이 아닐까? 만약 시뮬라시옹이 회화에서 예시될 수 있다면, 과연 시뮬라시옹은 재현의 질서를 무너뜨릴 수 있을까? '시뮬라시옹 회화에 대해 어떻게 생각하느냐'라는 물음에, 보드리야르는 "시뮬라시옹 회화는 존재할 수 없다. 왜냐하면 시뮬라시옹은 재현될 수 없기 때문이다"라고 말했다. 보드리야르의 이런 견해에 비추어 보면, 포스터의 지적처럼 시뮬라시옹 회화에서 "시뮬라시옹은 단지 시뮬라시옹주의가 될 뿐이다." 시뮬라시옹 회화를 추구한 예술가들은 어떻게 보면 시뮬라시옹 회화에 대한 보드리야르의 입장 표명과는 무관하게 작업의 실패를 무릅쓰고 예술의 종말 게임을 즐겼던 것처럼 보인다.

1986년 보스턴에서 개최된 전시 〈종말 게임: 최근 회화와 조각에 나타나는 지시와 시뮬라시옹〉을 떠올려 보라. 쿤스는 작품에 등장한 번지르르한 광고 캠페인과 사치스러운 오브제로 마치 아우라를 지닌 예술작품을 대체한 물신적 상품을 허무주의적으로 즐기고 있는 듯한 인상을 준다. 쿤스처럼 스타인바흐 또한 예술작품을 소비되어야 할 기호와 이미지로 제시하면서 상품디자인과 디스플레이를 고려한 '상품 조각들'이 벌이는 종말 게임을 즐기는 것처럼 보인다. 이들 예술가들에게는 보드리야르의 지적처럼 우리의 욕망을 자극하는 것은 상표이고, 우리의 물신이 되어 버린 것은 기호와 이미지로서의 상품이다. 요컨대 그들은 실재와 실재의 재현과는 아무 관련도 없는 '시뮬라크르로서의 이미지'를 만들어 낸 셈이다.

4 _ 예술의 공모

보드리야르에게 1996년 베니스 비엔날레는 예술의 폐기나 무효화와 관련된 듯한 전시회로 여겨졌다. 분명 무가치하고 평범한 모든 것이 전반적으로 무관심 같은 것 속에서 다른 것들의 측면을 받아들이고 있었기 때문이다. 작품을 보고 놀라는 사람이 거의 없었고, 실제로 더 말할 것도 없고 별 수가 없는 것처럼 보였다. 달리 말하면 보드리야르가 보기에 "예술이 지나치면 해가된다Trop d'art, c'est trop"는 느낌이었다. 베니스 비엔날레의 전시회를 보기 전에는, 보드리야르는 현대예술에 대해 의혹을 품고 있었지만 그때까지 모든 참여에서 벗어나 신중함을 유지하고 있었다. 하지만 예술의 이런 상황을 목격한 후, 자신의 평론 〈예술의 음모〉를 통해 그는 실제로 존재하지 않는 어떤 공모가 존재한다고 선언했는데, 이는 공모를 훨씬 더 진짜로 만들어 놓았다.

〈예술의 음모〉는 예술계에 많은 충격과 논란을 초래했다. 이로써 보드리야르는 예술의 적으로 간주되었다. 그는 분명 예술에 대한 기존의 사유 방식을 갖고 있지 않았다. 그에게 예술은 더 이상 특권을 부여받은 것이거나 특수한 것이 아니다. 글쓰기를 통해 예술의 내부로부터 진정으로 비판하는 것은 가능한 일이다. 하지만 이린 비판도 심지어 상호적 찬양의 공모 때문에 예술계에서는 거의 문제가 되지 않는다. 이것이 바로 보드리야르가 폭로하고자 했던 것, 즉 "공모의 형태로서의 수동성과 비굴한 복종"이다.

예술에 대한 보드리야르의 사유는 그 출발점부터 급진적이고 아이러니하면서도 매우 분명했다. 《소비의 사회》에서 그는 팝아트의 유머가 예술을 전복시키는 것을 전혀 지니고 있지 않으며, 팝아트의 차가운 미소가 상업적 공모와 전혀 다르지 않다는 것을 이미 분명하게 밝힌 바 있다. 《기호의 정치경제학 비판을 위하여Pour une critique de l'économie politique du signe》에서는 예술이 테러적인 비평과 사실상의 문화적 통합 사이에서 모호한 위상을 지닌다고 지적했다. 그는 이제 현대예술은 '공모의 예술'에 지나지 않으며, 자체의 질서에 속하는 어떤 질서를 전복시키는 체할 뿐이라고 명백하게 말했다.

이런 맥락에서 〈예술의 음모〉를 통해 그는 예술계와 관련된 모든 사람들의 공모를 초래하는 현대사회의 불가피한 현상을 '예술의 음모(공모)'라고 규정했다. 어떻게 보면 보드리야르의 이런 판단은 시의적절한 것처럼 보인다. 왜냐하면 예술의 팽창이 실제로 절정에 이르고 있기 때문이다.

보드리야르의 관점에서 이제 "예술은 자체의 전문적인 전시와 네트워크와 예술시장을 통해 거대한 비즈니스가 되는 것만으로 충분하지 않는" 듯하다. 예술은 여전히 경외와 숭배의 대상으로 다루어지기를 바란다. 이는 오늘날 예술이 자체의 현실을 부정하고 있음을 나타낸다. 이는 또한 예술적 기교나 예술의 술책이 어디에서나 지나치게 발전하고 있는 것과도 관련이 있다.

보들레르Charles Baudelaire는 근대성의 탄생과 더불어 예술이 자연스런 충동이 아닌 계산된 술책artifice calculé에서 태어난다는 것을 이미 이해했다. 보들레르의 이런 인식은 예술의 위상과 존재조차도 문제 삼을 수 있음을 나타낸다. 일반적으로 사람들은 경외심을 갖고 예술을 사유하는 데 매우 익숙해져 있어서 예술을 더 이상 냉정한 시선으로 바라볼 수 없으며 예술의 정당성에 이의를 제기하지 못한다. 예술에 대한 이런 일반적 사유를 보드리야르는 주목했다.

사실 예술이 무엇으로 존재하는지를 이해하고자 한다면, 우선 예술을 무효화하는 것이 필요하다. 이런 작업은 마르셀 뒤샹과 앤디 워홀이 자기 식대로 시도했던 방식이다. 물론 예술이 이런 문제 제기 방식을 초월할 수도 있겠지만, 오늘날 사람들은 마치 예술에서 아무 일도 일어나지 않은 것처럼 예술을 사유한다. 실제로 일반적인 '암묵적 동의'에 의해, 예술은 똑같은 방식을 추구하거나 그 자체가 전념했던 형태들을 지속할 어떤 이유를 지닐 수 있을 것이다. 이는 바로 보드리야르가 말하는 예술의 공모 혹은 음모, 즉 계산된 술책에 연결된다.

이 지점에서 분명 창작자와 소비자가 오로지 예술의 개념만을 나타내는 기이하고 설명할 수 없는 대상과 그 자체에 암묵적으로 동의하는 수치스런 공모가 존재한다. 그러나 보드리야르는 "진짜 음모는 예술이 그 자체와 맺는 공모, 예술이 현실과 맺는 공모에 있다"고 말한다(Baudrillard, 2004:89). 이런 상황에서 오늘날 예술에 대하여 우리는 어떻게 말할 수 있는가? 보드리야르의 지적처럼, 예술은 예술계 속에서, 예술 그 자체를 응시하는 예술공동체 속에서 문제시되는 경향이 있다. 이는 공모의 두 가지 측면과 관련이 있다. 가령 "창조적 행위 자체는 자기조작의 기호일 뿐이다. 예를 들어 화가의 진정한 주제는 더 이상 그가 그리는 것이 아니라, 그가 그리는 행위 그 자체이다. 그는 그가 그리는 행위를 그린다"(Baudrillard, 2004:90). 이런 방식으로 예술의 개념이 보전된다면, 이는 오로지 공모의 한 측면이 될 수 있다.

공모의 다른 측면은 대체로 무엇이든 이해하지 못하여 곧바로 이해할 수 없는 자신의 예술과 문화를 소비하는 관람객의 공모일 것이다. 말하자면 관람객은 예술과 문화의 회로circuit에 접속하라는 명령 외에는 자신이 아무것도 이해하지 못하며 아무런 필요성도 갖지 못하는 행위를 글자 그대로 소비할 뿐이다. 이때 예술과 문화 자체는 순환의 부대현상附帶現象으로 나타난다.

이로써 보드리야르의 말대로 오늘날 "예술은 의사소통, 네트워크, 상호작용이라는 유동적 세계를 지향하는 것 이외에는 다른 궁극적 목적을 지니지 않는" 것처럼 보인다. 여기에 덧붙여 예술 분야에서 가장 흥미로운 것은, 예술비평이 마치 정보처럼 네트워크를 통해 전달되어 관람객의 두뇌에 침투하는 것이다. 왜냐하면 보드리야르의 지적처럼 오늘날 수수께끼는 관람객의 두뇌에, 말하자면 관람객이 예술작품 앞에서 비굴해지는 이 약점에 있기 때문이다. 그러면 이 수수께끼의 비밀은 어디서 찾아야 하는가? 이는 "창작자가 대상과 대상 그 자체에 가하는 모욕과, 소비자가 자기 자신과 자신의 정신력에 가하는 모욕 사이의 공모"를 파악한다면 가능해질 것이다(Baudrillard, 2004:93).

그렇다면 예술의 이런 공모가 초래하는 결과는 무엇인가? 이에 대해 보드리야르는 다음과 같이 설명한다. 결국 "예술의 이 공범적인 편집증 때문에 더 이상 비판적 판단은 있을 수 없으며, … 타협에 의한 공유만이 있을 뿐이다"(Baudrillard, 2005:91). 이로써 "우리는 예술의 희극을 계속 상연하고 있을 뿐이다." 보드리야르의 '예술의 공모' 개념은 시뮬라시옹 개념이나 하이퍼리얼리티 전략이라는 그의 이론이 예술의 영역으로 확장된 데서 비롯된 것이라 여겨질 수 있다. 하지만 그의 '예술의 공모' 테제는 너무 극단적이고 아이러니해서 일반적인 예술론 차원에서 다소 수용되기 어려운 측면이 있다. 그것이 현대예술의 평가에 대한 충분한 미학적 논의와 성찰을 거쳐 나온 것이 아니기 때문이다.

5 _ 초미학

오늘날 예술의 영역에서 예술 그 자체에 무슨 일이 일어나고 있는지 판단할 수 있는 중요한 요소들은 좀처럼 발견되지 않는다. 만약 예술의 개념이 여전히 어떤 의미를 지닌다면, 예술의 이런 상황을 진단하기 위해 정치·경제·성·철학·미학 등과 관련된 모든 것을 검토하는 작업이 필요할 것이다. 이는 예술의 상태가 그 자체를 지나치게 일반화시키면서 어떤 다른 해결책을 제시하지 못하는 데서 비롯되는 것처럼 보인다.

현대성의 탁월한 분석가인 보드리야르는 현대세계가 얼마만큼 하이퍼리얼하고 가상적인지, 초정치적이고 성전환적이고 초미적인지를 보여 준다. 그는 오늘날 정치적인 것·성적인 것·미적인 것의 각 범주는 자체의 특성을 상실하고 일반화의 절정에 이르고 있다고 지적한다. 그는 "모든 것이 미적인 것이 될 때, 그 어떤 것도 더 이상 아름답거나 추하지 않다. 예술 그 자체는 사라진다"라고 말한다(Baudrillard, 1990:17). 이 역설적인 사태는 예술 자체의 한계를 넘어선 과잉과 확산으로 인해 예술 자체를 부정하고 사라지게 한다. 말하자면 미적인 것이 한계점에 이르면, 그 것은 더 이상 미적 특성을 지니지 못하고 사라진다. 보드리야르는 이 역설적인 사태가 일어나는 현상을 '초미학transesthétique'이라 부른다.

그러면 왜 초미학 현상이 일어나는지 구체적으로 살펴보자. 보드리야르는 현대세계를 '암의 증식'에 비유한다. 그에 따르면, 오늘날 예술도 도처에서 증식하며, 예술에 관한 담론은 점점 더 빨리 순환하고 확산되고 있다. 현재의 예술은 미적 가치의 생산과는 구별되며, "다소 유희적으로 혹은 아이러니하게 모든 형태들, 즉 과거의 형태들, 유사한 혹은 차이 나는 형태들, 심지어 현대적인 형태들"을 순환 사용하는 경향이 있다. 하지만 이런 형태들(새로운 기하학, 새로운 표현주의, 새로운 추상, 새로운 구상)의 혼합은 기이하게도 무관심 속에서 공존한다. 이 모든 경향들이 동일한 문화 공간 안에서 공존할 수 있는 것은, 그것들이 더 이상 자체의 고유한 특성을 갖지 않기 때문이다. 달리 표현하면 보드리야르의 말대로 "모든 형태들은 미적 차원을 지니며, 모든 공간들은 재현적 혹은 반재현적인 가능성이라는 미적 대향연에 둘러싸여 있기 때문이다." 여기서 표현된 '미적 대향연'은 미적 범람 혹은 미적 포화상태를 나타난다.

이런 의미에서 "예술은 사라졌다…. 더 이상 근본적인 규칙도, 판단의 기준도, 쾌락의 기준도 없다"고 보드리야르는 역설한다 (Baudrillard, 1990:22). 보드리야르의 이런 역설은 현대예술의 세계가 기이한 양상을 드러내는 것과 관련이 있다. 이는 예술의 세계가 예술의 움직임의 정지stase에 의해 파악되는 듯하다. 말하자면 "현대예술의 모든 움직임 이면에는 일종의 무기력, 즉 그 자체를 초월하지 못하고 점점 더 빠른 순환 속에서 그 자체로 되돌아가는 것이 있다."

이는 바로 보드리야르가 말하는 현대예술의 '패러독스'이다. 보드리야르의 표현을 빌리면, 그것은 "예술의 생생한 형태의 정지, 그리고 동시에 증식, 한술 더 뜨기, 예전의 모든 형태를 따른 다양한 변화"이다. 여기서 보드리야르는 예술의 정지가 있는 곳에 또한 암의 전이처럼 예술의 전이métastase가 있다고 말한다. 마치 세포들이 무한한 무질서 속에서 증식하듯, 현재 예술의 무질서 속에서 미적인 것과 비미적인 것의 경계가 무너지면서 모든 것이 미적인 것이 된다.

사실 미적 개념의 해방을 통해, 현대사회는 일반적 미학화를 초래했다. 일반적 미학화를 지향하는 반예술운동은 뒤샹이 변기나 병걸이를 들여오고, 워홀이 캠벨수프 깡통이나 브릴로 박스를 들여온 후 실현되었다. 보드리야르의 말대로 "세계를 완전히 산업적으로 조직함으로써 세계는 미학화되었으며, 세계를 완전히 무의미하게 만듦으로써 세계는 미학에 의해 변화하게 되었다"(Stearns & Chaloupka, 1992:12). 이 지점에서 보드리야르의 사유와 맞닿아 있는 워홀의 사유를 떠올려 보라. 워홀은 이 일반적 미학화에 대해 은유적으로 다음과 같이 표현한다. "도쿄에서 가장 아름다운 것은 맥도날드이다. 스톡홀름에서 가장 아름다운 것은 맥도날드이다. 피렌체에서 가장 아름다운 것은 맥도날드이다. 베이징과

모스크바에는 아직 아름다운 것이라고는 없다." 이런 현상은 바로 보드리야르가 말하는 '초미학'에 연결된다고 할 수 있다.

이 초미학과 관련하여, 보드리야르는 뒤샹을 초미학의 선구자로 평가한다. 미적 규칙을 거부하면서 뒤샹의 예술이 초미학 혹은 이미지의 평범함으로 변형되었다는 것이다. 프랑스 퀼튀르 France Culture 라디오방송 인터뷰에서 보드리야르는 이를 다음과 같이 설명한다. "뒤샹의 행위 자체는 극히 적지만, 그로부터 세상의 평범한 것이 모두 미학이 되고, 반대로 미학은 모두 평범한 것이 됩니다. 다시 말하면 평범한 것과 미학의 두 영역 사이에서, 전통적 의미의 미학을 실제로 끝장내는 전환이 이루어지고 있습니다"(Baudrillard, 1997:44).

보드리야르는 워홀 역시 초미학을 실천한다고 생각한다. 예술의 한계 밖에 머물면서 워홀이 미학을 극단으로 밀고 나간다는 것이다. 말하자면 "워홀은 미학을 그 자체가 더 이상 미적 특성을 갖지 않고 반대 방향으로 뒤집히는 곳으로 밀고 나가, 우리를 예술과 미학으로부터 해방시키고자 한다"는 것이다. 워홀의 작업은 예술과 미학의 개념 자체에 대한 도전이다. 그래서 "워홀은 이미지를 통한 실재의 사라짐과 이미지가 모든 미적 가치를 끝내는 이미지의 한술 더 뜨기" 전략을 추구한다. 말하자면 워홀은 실재의 자리에 들어선 이미지 세상을 꿰뚫어 보면서 철저하게 피상성의 유희를 향해 나아간다. "당신이 앤디 워홀의 모든 것을 알고 싶다면, 그냥 내 그림과 내 영화의 표면을 보고, 그리고 나를 보라. 그러면 거기에 내가 있다." "그 뒤에 뭐가 숨겨져 있나 궁금해하지 말고 그저 피상만 보라." 여기서 표현된 '표면'과 '피상'은 추상적 표피인 시뮬라크르로서의 이미지를 나타낸다. 요컨대 추상적 표피가 깊이의 본질인 '실재'를 압도하는 것이다.

여기에 덧붙여 워홀의 작품 시리즈 중 실크 스크린 기법으로 만들어 낸 작품 〈마릴린 먼로〉를 떠올려 보라. 마릴린 먼로의 실재는 사라지고 '시뮬라크르로서의 이미지'만을 볼 수 있을 뿐이다. 사실 워홀에게는 시뮬라크르로서 이미지의 잠재적 상승과 동시에 '가치의 잠재적 상승'이 문제이다.

보드리야르는 이 '가치의 잠재적 상승'에 주목한다. 여기서 가치가 상승한다는 것은 무엇을 뜻하는가? 이는 가치의 법칙이 더 이상 존재하지 않는다는 것을 나타낸다. 가치의 잠재적 상승의 가장 좋은 예는 예술시장일 것이다. 과거의 예술은 미적 가치가 상승하기 이전의 대상, 그리고 미적 가치를 추구했다. 하지만 보드리야르가 보기에 오늘날 예술은 그 자체에서 벗어나 그 자체를 부정하려고 한다. 이를 구체적으로 설명하면, 예술이 미적인 것을 극단적으로 추구하게 되면 미적인 것 자체를 벗어나거나 초월하여 나아가면서 미적 가치를 파괴하고 미적 가치를 판단할 수 없는 상태에 도달하게 된다. 달리 말하면 극도로 증식하고 확장되는 다른 가치들처럼, 미적 가치도 곤경에 처하게 되는 상황에 이르게 된다. 우리가 논의하는 초미학은 바로 미적 가치를 판단할 수 없는 이런 현상을 가리키는 개념이다.

초미학 개념을 둘러싸고 예술의 영역에서 미적 가치의 모든 논리와의 단절과, 예술시장에서 상업적 가치의 모든 논리와의 단절 사이에는 어떤 필연적인 관계가 존재하는 듯하다. 예술에서 똑같은 열광과 광기, 과잉은 미적 판단을 할 수 없음과 관련이 있다. 보드리야르에 따르면 "가치는 가치 판단의 부재 속에서 급등한다. 이것이 바로 모든 의미에서 가치의 황홀경extase de la valeur이다."

이 가치의 황홀경은 보드리야르가 말하는 사용가치의 자연적 단계, 교환가치의 상업적 단계, 기호가치의 구조적 단계 이후에 오는 가치의 프랙탈fractal 단계, 즉 가치의 바이러스적 단계에 연결되는 것이다. 이 최종 단계에는 오로지 가치의 전이와 증식만이 있을 뿐이다. 엄밀히 말해서 이와 같은 전염과 연쇄반응이 모든 판단과 평가를 무효화하기 때문에, 우리는 더 이상 가치라는 말을 사용할 수 없게 된다. 따라서 가치의 판단과 평가는 불가능해질 수 있다.

이런 논리에 비추어 보면 우리에게 미적 망상에서 벗어나게 하는 것은 보드리야르의 초미학적 비전인 듯하다. 보드리야르는 현대예술과 미학에 대해 이렇게 설명한다. "우리는 극단적인 미학이나 초미학 속에 있다. 우리의 예술에서 미적 일관성이나 운명을 찾아내는 것은 소용없는 일이다." 게다가 보드리야르는 "오늘날 예술의 기능은 미학을 넘어서거나 미학을 위반하는 것이다"라고 지적한다. 보드리야르의 지적처럼 미학은 광고와 미디어 속에, 일상과 사물 속에, 신체와 패션 속에 있기 때문이며, 미적인 것은 미술관에서 예술작품이 가장 잘 보이는 곳에 있지 않아도 되기 때문이다.

이런 맥락에서 보드리야르는 오늘날 예술과 미학의 위상과 가능성에 이의를 제기하면서 다음과 같은 자신의 견해를 표명한다. "오늘날 모든 것이 미학화되었다. 어느 정도 모든 것, 심지어 평범한 현실조차도 예술의 입장에서 파악될 수 있다. 우리는 초미학 속에 살고 있고 거대한 미술관 속에 있다." 이제 '초미학'이라 불리는 이 세계에서, 예술은 더 이상 유보된 위상을 갖지 못하는 듯하다. 초미학화된 세계는 미디어와 정보와 일상적인 것을 미학화하는 세계이며, "사회 전체에 가치를 퍼뜨리기 위해 오히려 가치를 탈취한 세계"이다. 이 대목에서 평생 실재를 의심하고 실재의 회복을 고민한 보드리야르에게, 초미학화된 세계는 가치가 점점 더 사라지는 세계가 아닌가. 따라서 현대예술에서 이런 세계가 형성되는 것은 보드리야르가 앞서 말한 역설적인 사태가 일어나는 현상, 곧 초미학 현상을 나타내는 것이다.

6 _ 예술의 사라짐

'스타일, 예술과 일상의 변화'라는 제목 아래, 보드리야르는 움베르토 에코와의 대담에서 유토피아로서 예술의 문제를 언급한 바 있다. 그는 19세기 산업사회의 출현이 예술을 유토피아적이고 초월적인 영역에 투영했다고 지적하고, 이 유토피아로서의 예술을 어떻게 실현하느냐의 문제에 주목했다. 그가 보기에 세계를 미학화하는 것은 전적으로 유토피아적인 방식으로 유토피아로서의 예술 세계를 실현하는 것이다. 이는 바로 예술로서 사라지면서 세계를 실현하는 어떤 방식이다. 예술이 이 유토피아적인 영역에 투영되는 순간부터, 예술은 사라지는 운명을 갖게 되는 것이다. 말하자면 예술은 그 자체가 그 속으로 사라지는 길을 선택해야 하는 것이다.

헤겔은 예술의 사라짐에 대해 이렇게 설명했다. "근대예술은 더 이상 자체의 사라짐에 대처하지 못하고 있으며, 사라지는 운명 이외의 다른 운명을 갖지 못한다. 근대예술은 그저 길을 선택해야 할 뿐이다. 따라서 길들 가운데 한 길은 자체의 형상을 본따서 세계를 변형시키는 것인 초월적이고 이상주의적이며 미학화하는 길인데, 거기에 다른 길, 즉 사라지는 길이 있을 것이다."

헤겔의 관점에서 근대예술 자체는 그 사라짐의 기초 위에서만 존재한다. 예술은 실재를 사라지게 하고 그것을 다른 무대로 대체할 뿐만 아니라 스스로 실천해 나가면서 저절로 사라져 버린다. 바로 그 점에서 예술은 사건을 만들었고, 중요한 쟁점이 되었다. 헤겔과 달리, 보드리야르는 어떻게 예술의 사라짐을 이해하는가? 그는 "오늘날 예술은 사라졌지만 그 자체가 사라진 줄 모르고 있으며, 더 황당하게도 혼수상태에 빠진 채 자체의 길을 계속 나아가고 있다"고 지적한다(Baudrillard, 2007:17).

그러면 헤겔이 예술의 종말을 전망했듯이, 보드리야르는 예술의 종말을 예상하는가? 그는 '예술은 끝났고, 죽었다'라고 말하지 않는다. 그를 낙담케 하는 것은 너무도 많은 예술과 미적 포화상태이다.

보드리야르가 '이런 의미에서 예술은 사라졌다dans ce sens-là, l'art a disparu'고 기술할 때, 우리는 이 문장의 두 번째 부분('예술은 사라졌다')만을 고려하는 경향이 있다. 하지만 이 경우 우리는 이 명제를 왜곡할 수 있다. 왜냐하면 예술은 여전히 있고, 심지어 너무도 많은 예술이 있기 때문이다. 물론 사라져 버린 것은 예술의 개념이다. 하지만 어떤 개념일까? 우리는 예술의 현전에 매우 익숙해져 있기 때문에, 예술의 존재와 의미에 문제 제기하는 것은 놀랄 만한 도발 행위처럼 보인다.

이 지점에서 이 도발 행위와 관련하여 보드리야르의 급진적 사유를 주목할 필요가 있다. 그는 자신의 급진적인 기본원칙과 역사성의 기준으로 항상 어떤 행위나 사건을 분석하는 태도를 견지하기 때문이다. 그는 어떻게 예술의 역사를 이해하고 있는가?

흔히 알려져 있듯이 고전 시대 이후, 르네상스 시대 원근법의 탄생에서 입체주의를 통한 원근법의 사라짐에 이르는 회화예술은 그것을 구성했던 모든 원칙들을 서서히 해체하기를 시도했다. 이로써 치밀하게 완성된 고전 규칙들은 19세기 말부터 진행되어 온 해방의 과정을 통해 급속히 무너지게 되었다. 이 해방의 과정들은 유추해 보면 (신화적·종교적인) 위대한 주제로부터의 해방(인상주의), 균형과 규범으로부터의 해방(표현주의), 원근법으로부터의 해방(입체주의), 예술의 개념으로부터의 해방(레디메이드), 재현으로부터의 해방(추상), 독창성과 아우라로부터의 해방(워홀의 시리즈들), 기교로부터의 해방(개념 예술), 추상으로부터의 해방(하이퍼리얼리즘) 등으로 요약될 수 있다.

이 해방의 운동을 비난하기는커녕, 보드리야르는 이 해방의 운동을 긍정적으로 수용한다. 추상이 표현주의적이든 기하학적이든 간에, 추상을 통해 보드리야르는 "현대예술의 위대한 모험", "재현을 파괴하고 대상을 해체하는" 것을 본다. 하지만 그는 현실을 해체하는 입체주의·추상·표현주의에 대해 말하면서 역설적인 태도를 드러낸다. 즉, 현재의 단절보다는 오히려 과거의 단절을 높이 평가해야 한다는 것이다. 다시 말하면 이제 이러한 해방의 모험은 끝났으며, 해방된 예술은 과거 형태들의 가속화된 반복 속으로 들어갔다는 것이다. 예를 들어 새로운 기하학, 새로운 표현주의, 새로운 추상, 새로운 구상 등이 그러하다.

　보드리야르가 보기에, 이 모든 것은 형태들의 반복과 순환 사용을 통해 가능해진다. 보드리야르에게 이 반복과 순환 사용은 해방 이전의 과정과는 정반대이다. 말하자면 현대적 운동을 추구하는 것처럼 보이는 반복과 순환 사용은 해방 이전의 과정을 전적으로 부정한다. 그리하여 보드리야르는 "그때까지 방기된 것(평범한 것, 일상적인 것, 추한 것, 기괴한 것, 포르노적인 것)에 의해, 혹은 아이러니한 거리 두기(키치, 유치한 것, 바로 이해할 수 없는 것)에 의해 예술이 처한 곤경에서 벗어날 수 있다고 여겨지는 형태들의 연결 앞에서 서글픔이 생겨났다"고 지적한다(Leonelli, 2007:81). 이와 동시에 그는 '현대예술은 무가치하다'라는 충격적인 발언을 쏟아낸다.

　사실 예술은 미적 차원에서 무가치할 수 있다. 보드리야르의 말대로 "예술이 그 자체를 평범한 것과 더욱더 뒤섞음으로 해서, 평범한 삶과 다른 것이 아닌 것이 되고, 결국 불필요하게 되기" 때문이다(Baudrillard, 2007:20~21). 이런 맥락에서 '현대예술은 무가치하다'라는 표현을 잘 이해하는 것이 필요하다. 예술이 무가치한 것이 아니라 예술이 예술로서의 그 자체를 가치 없게 만든다는 것이다. 보드리야르는 오늘날 "예술과 현실이 서로 가치 없게 만든다. 예전에는 예술과 현실은 서로를 잠재력화했지만, 지금은 서로 상쇄되고 있다"고 단언한다. 달리 말하면, 오늘날 예술과 현실은 더 이상 분리되지 않고 혼동되는데, 이 혼동으로 인해 '미적 중독'이 생겨난다. 그것들은 서로에게 큰 장애가 되고 있다. 예술이 현실에 대한 일종의 대안이 되지 못하는 것이다.

더욱 심각한 상황은 미디어를 통해, 예술 그 자체를 통해 일상적 삶을 미학화하는 것이다. 보드리야르는 현대예술과 미학에 대해 이렇게 설명한다. "오늘날 미학, 예술은 어디에나 있다. 미술관과 갤러리 속에 있을 뿐만 아니라 폐물 속에, 벽 위에, 거리 속에도 있다. 오늘날 모든 행위들이 미학화된다."

보드리야르의 이런 시각에서 보면, 문화는 문화의 황홀경이라는 형태를 띨 뿐만 아니라 예술의 완전 부재에도 상응한다. 여기서 예술의 완전 부재 같은 문화의 복제 단계를 주목할 필요가 있다. 보드리야르는 '예술은 사라졌고, 예술은 사라지고 있다'고 말한다. 이 예술의 사라짐을 다른 논리로 말하면, 예술은 사라졌지만 예술의 사라짐이라는 중요한 순간이 지나가 버렸다는 것이다.

예술의 사라짐과 관련하여 보드리야르의 사유를 정리해 보면, 예술은 일종의 실현된 유토피아다. 왜냐하면 예술이 유토피아의 영역에 빠져들었기 때문이며, 예술이 불행히도 동시에 일상적 삶과 모든 행위들을 전적으로 미학화하는 것을 통해 실현되고 있기 때문이다. 보드리야르의 이런 사유에 비추어 보면, 예술과 일상적 삶(혹은 현실)의 융합을 완벽하게 실현한 워홀은 예술의 사라짐이라는 이 논리의 극치를 보여 주는 듯하다.

보드리야르가 폭로하는 것은 워홀의 다음과 같은 예언이 실현되는 것이 아닐까? "모든 백화점이 미술관이 될 것이고, 모든 미술관이 백화점이 될 것이다." 따라서 보드리야르의 말대로 "예술 전체는 죽기 전에, 그리고 죽는 대신에 사라질 줄 아는 것"이 중요하다. 과연 예술은 사라질 줄 알게 되는가?

비릴리오처럼 보드리야르는 이 '사라짐의 미학'을 중요하게 생각한다. 그러면 그가 말하는 사라짐은 무엇을 뜻하는가? 그것은 한 형태가 다른 형태 속으로 사라지는 것이다. 이는 변모의 형태, 즉 출현-사라짐이다. 그것은 결국 형태들이 연관되는 것이다(이때 각 형태는 사라져야 하고, 모든 것은 자체의 사라짐을 내포한다). 보드리야르는 "모든 것은 사라지는 예술 속에 있다. 슬프게도 그렇게 말할 수 밖에 없다"라고 주장한다. 오늘날 예술과 관련하여 보드리야르의 이런 주장은 한편으로 역설적인 것으로 여겨지긴 하지만, 다른 한편 다소 설득력 있는 것으로 생각되기도 한다.

7 _ 예술의 진정한 기능을 향하여

1987년은 실제로 뉴욕 예술계의 전환점이었다. 젊은 예술가들이 '지도적 사상가', '정신적 지도자'를 찾아 나서면서 예술계를 휩쓸었기 때문이다. 이들 예술가들은 보드리야르의 《시뮬라크르와 시뮬라시옹》을 미학적 선언으로 간주하고 이 책을 비형상 예술의 모델로 삼으려고 했다. 이 갑작스런 찬사에 당황한 보드리야르는 곧 사태를 수습하기에 이르렀다. 그는 시뮬라크르의 출현이 현대문화에는 더 이상 원본이 없고 복제의 복제만이 있다는 것을 뜻한다고 밝혔다. 따라서 그는 시뮬라시옹은 재현될 수 없고 예술작품의 모델이 될 수 없을 것이라고 반박했다. 보드리야르의 이런 입장 표명은 어떤 의미에서 예술에 대한 도전일 수 있다.

보드리야르는 종종 서구의 문화비평을 자극하는 행동을 통해 예술에 대한 관심을 표명한다는 느낌을 준다. 더욱이 그는 예술에서 벗어나는 방법, 예술에 이의를 제기하는 방법을 깊이 사유한 것처럼 보인다. 〈예술의 음모〉는 예술계에 직접 항의를 제기한 것으로 예술의 상업화, 예술의 팽창과 관련이 있다. 그가 보기에, 오늘날 예술은 다른 상업적 거래처럼 투자나 소비상품을 산출하며, 예술이 어디에나 존재한다는 것이다. 이런 시각 아래, 그는 비예술적 목적을 위해 예술을 파렴치하게 이용하는 것을 공격했다. 그에게 '예술의 공모 혹은 음모'는 창작자와 소비자 사이의 암묵적 동의에 의한 계산된 술책으로 여겨졌다.

보드리야르는 오늘날 예술이 처한 이런 상황을 폭로하고자 했다. 그는 예술은 더 이상 특수한 영역이 아니라고 말하면서 예술이 예외성을 갖는 것을 거부했다. 예술은 다른 모든 것과 다르지 않다는 것이다. 말하자면 그는 예술이 일상적 삶과 평범함을 미학화한다고 지적한다.

그러면 모든 것이 미적인 것이 될 때, 미적인 것은 어떻게 되는가? 미적인 것은 일반화의 절정에 이르게 되면서 미적 특성을 상실한 채 사라진다. 이는 바로 보드리야르가 말하는 '초미학' 현상인데, 초미학은 가치를 판단할 수 없는, 미적 가치를 파괴하는 가치의 황홀경에 연결된다. 따라서 예술은 가치가 소멸되는 운명에 의해, 초월성의 상실에 의해 타격받게 된다. 보드리야르의 관점에서 보면, 예술은 더 이상 근본적인 기능을 갖지 못하는 듯하다. "오늘날 예술의 기능이 미학을 넘어서거나 미학을 위반하"고 있기 때문이다.

오늘날 예술이 이런 상황에 처한 근본적인 이유는 무엇인가? 예술에는 예술 그 자체와 예술로 간주되지 않는 것을 구별해 주는 그 어떤 것도 없기 때문으로 보인다. 이는 무엇보다 예술이 극도로 증대되고 확산되는 것을 멈추게 할 수 없는 것과 관련이 있다. 말하자면 예술의 지나친 증식과 문화적 과잉생산으로 인해, 예술은 더 이상 특수한 것이 아니며 예술이 예술로서의 그 자체를 가치 없게 만든다. 예술의 모든 특성을 부정하는 보드리야르는 현대예술이 무가치한 이유를 다음과 같이 설명한다. "현대예술을 기술 · 광고 · 미디어 · 디지털의 조작과 구별 짓는 것은 아무것도 없다. 더 이상 초월성도 대립도 없고, 현대세계의 반영의 유희인 다른 무대도 없다"(Baudrillard, 2004:89).

보드리야르는 현대예술의 이런 상황을 매우 비관적으로 바라보는 듯하다. "사람들이 이미 무가치한데도 무가치를 지향한다"는 것이다. 그런데 이 무가치는 20세기 예술의 엄청난 쇄도를 유발하는 것으로 충분했다. 예술로서 자체의 존재를 정당화할 수 있었던 모든 것을 서둘러 길에 내던져 버리면서 말이다. 보드리야르에게 무가치를 지향하는 것은 어떤 의미에서 창조적 환상의 모든 가능성을 사라지게 하는 것이다. 그 결과 예술의 사라짐이라는 끝없는 순환만이 남아 있을 뿐이다. 예술의 사라짐에 대한 보드리야르의 이런 시각은 보들레르, 뒤샹, 워홀의 견해와 연결되어 있다는 느낌이 든다.

보드리야르의 말대로, 예술의 사라짐과 관련하여 이제 예술이 스스로를 부정하는 것이 문제이다. 하지만 예술은 자체의 사라짐을 연출하면서 지나치게 그렇게 하고 있는 듯하다. 더욱 황당한 것은 예술이 자체의 사라짐을 부정한다는 것이다.

이렇게 스스로를 부정하는 현대예술의 패러독스는 아이러니하게도 예술로서의 이 무가치에 가까울수록 더 높은 가치를 부여받고 인정받는다는 점이다. 보드리야르는 이 패러독스와 관련하여 이렇게 말한다. "현대예술이 무가치하고 그 모든 것이 아무런 의미도 없다고 말하는 것은 쓸데없는 일이다. 왜냐하면 그

것이 바로 현대예술의 중요한 기능이기 때문이다"(Baudrillard, 2004:96).
실제로 예술이 지닌 인류학적 위상의 가면이 벗겨진다면, 보드
리야르는 어떻게 예술을 이해할까? 그가 즐겨 사용하는 '예술은
쓸모없는 기능이다', '예술은 항상 스스로를 부정한다', '예술의
기능은 예술보다 삶을 더 흥미롭게 만든다'는 등의 표현들은 자
율적 영역으로 구성된 예술의 개념을 가리킨다. 물론 그의 이런
이해는 해체와 추상의 과정 이후에만 가능해질 수 있다.

하지만 현대예술의 환경에 대해 긍정적으로 평가하는 이브 미
쇼Yves Michaux는 이렇게 언급한 바 있다. "앤 베로니카 얀센스Ann
Veronica Janssens의 빛의 설치미술은 이비자Ibiza의 나이트클럽과 똑
같은 감동을 일으킬 수 있다." 이러한 것을 열망하는 것이 예술
의 위상을 위태롭게 만드는 것인가? 현재의 예술에서 세상을 다
시 매혹하려는 욕망을 찬양해서는 안 되는가?

제프 쿤스도 "(내가 만들어 내는) 모든 이미지들은 우리를 둘러
싸는 세상을 받아들이는 은유들이다"라고 밝힌 바 있다. 보드리
야르는 얀센스와 쿤스의 이런 세상과의 화해를 유감스럽게 생각
한다. 그의 관점에서 예술가의 역할은 새로운 것과 스펙터클한
것을 만들어 내는 게 아니다. 그는 "수많은 설치미술과 퍼포먼스
에는 예술사에 나타난 과거의 모든 형태들과 동시에 현재의 사
태들과의 타협의 유희만이 있다"고 비판한다.

예술을 급진적이고 극단적으로 사유하는 보드리야르는 예술

의 기능이 예술보다 삶을 더 흥미롭게 만드는 것이라면, 예술에 대한 환상을 버려야 한다고 지적한다.

보드리야르의 지적처럼, 대부분의 현대예술은 미적 환상을 잃어버리면서 미적 환멸을 향한다는 느낌을 준다. 이는 예술 영역에 대한 전반적인 서글픔을 불러일으킨다. 실비어 로트링거의 말대로, 오늘날 예술은 몽유병에 걸린 채 고통스럽게 잠시 제정신을 차리긴 하지만 일종의 활기를 잃은 도취 속에 떠돌고 있는 듯하다. 예술은 아직 죽지는 않고 거의 살아 있을 것 같지 않지만, 여전히 앞으로 나아가고 있을 뿐이다.

결국 오늘날 예술이 존재해야 하는 정당한 이유는 예술로서 그 자체를 재발견하는 일일 것이다. 하지만 이는 예술에게 지나치게 많은 것을 요구하는 것이 될지도 모른다. 물론 그렇게 하는 것이 가능하지 않을 수도 있다. 왜냐하면 예술이 항상 예술이라는 것을 증명하기 위해 예술이 할 수 있는 모든 것을 하고 있기 때문이다. 이런 의미에서, 예술의 존재와 기능에 끊임없이 이의를 제기한 보드리야르는 진정으로 예술에 대해 깊이 고민하고 사유한 사상가로 간주될 수 있다.

제3장　**시뮬라크르로서의 이미지에서 가상의 디지털 이미지로**

1 _ 시뮬라크르의 시대에서 가상의 디지털 시대로

들뢰즈는 현대를 '시뮬라크르의 시대'라고 정의하였고, 보드리야르는 자신이 탈근대라 부르는 현대를 '시뮬라크르와 시뮬라시옹의 시대'라고 명명하였다. 들뢰즈와 보드리야르는 시뮬라크르를 어떻게 이해했을까? 들뢰즈와 보드리야르에게 시뮬라크르는 전통적인 대상 개념을 대체한다. 들뢰즈가 시뮬라크르를 유사성이 없는 이미지, 동일성보다는 차이의 모델에 근거한 이미지로서 고유한 자율성을 지니는 것으로 파악한 반면, 보드리야르는 시뮬라크르를 어떤 실재와도 아무런 관계를 갖지 않고 자율적인 독립성을 획득하는 이미지로 이해했다.

들뢰즈는 자신의 철학 속에서 시뮬라크르를 핵심 개념으로 삼고 그것을 끝까지 사유했을까? 그의 사유는 '이미지의 사유'에서 '이미지 없는 사유'로 발전하면서 어떤 형상이나 형식도 전제하지 않는 사유로 나아간 듯하다. 실제로 《천 개의 고원Mille plateaux》에 이르면 들뢰즈에게 시뮬라크르는 점점 더 까마득하게 잊혀져 버린다.

이런 들뢰즈와는 달리, 보드리야르는 자신의 시뮬라크르 이론으로 탈근대의 사유 세계에 많은 반향과 센세이션을 일으켰다. 그 결과, 그의 시뮬라크르 개념은 다른 현대 사상가들의 그것보다 훨씬 더 파급력을 지닌 채 지배적인 개념으로 자리매김했다.

최근에 이르기까지 보드리야르의 시뮬라크르 이론과 관련하여 대체로 시뮬라크르의 지배력, 시뮬라시옹 현상을 중심으로 논의되어 왔다. 하지만 '시뮬라크르로서의 이미지'를 논의하는 경우는 현대예술과 영화 분야를 제외하면 비교적 드물었다. 보드리야르 자신은 때때로 이미지에 관한 글들을 발표해 오면서 최근의 글에서 '이미지의 운명'을 언급한 바 있다. 이미지 세상이 엄청나게 바뀌었다는 것이다. 아날로그에서 디지털로의 이행을 완료함으로써 이미지를 다른 차원에 올려놓았기 때문이다. 이제 인터넷과 스마트폰을 통해 이미지를 실어 나르면 되고, 가상의 디지털 이미지를 경험할 수 있게 된 것이다.

이 지점에서 우리는 여전히 시뮬라크르의 시대에 살고 있다고 할 수 있을까? 보드리야르는 우리가 이미 '시뮬라크르의 황금시대의 종말'에 접어들었으며, 가상이 지배하는 시대에 살고 있다고 밝힌 바 있다. 오늘날 우리의 물질적 환경은 디지털, 디지털 이미지, 멀티미디어, 인터넷, 유전자 조작 등에 의해 산출되는 가상에 직접적으로 연결되어 있다. 우리의 현실을 구성하는 가상들의 거미줄을 어떻게 이해해야 할까?

가상의 찬란한 색은 디지털 기술로 우리의 현실을 표백시켜 버리는 것처럼 보인다. 디지털 기술이 생산하는 가상의 디지털 이미지가 일상적 삶에 깊숙이 침투하여 현실을 사라지게 하거나 다른 현실로 만들어 버리기 때문이다.

하지만 가상과 디지털의 지배가 아직 문제시되지 않을 때, 말하자면 시뮬라크르의 지배가 여전히 유효할 때, 시뮬라크르로서의 이미지는 어떤 양상을 띠고 실재나 현실과 어떤 관계를 나타냈는가? 먼저 보드리야르가 시뮬라크르로서의 이미지에서 가상의 디지털 이미지로 점차 전환되는 과정에서 생겨나는 실재와 이미지의 관계를 어떻게 영화와 텔레비전의 이미지와 관련지어 설명하는지를 주목할 필요가 있다. 보드리야르는 실재를 초과실재로, 현실을 초과현실로 만들면서 실재나 현실의 모델이 되는 시뮬라크르로서의 이미지를 깊이 통찰했다.

보드리야르의 관점에서 보면, 영화라는 매체는 실재보다 더 실재적인 실재를 구성하면서 시뮬라크르로서의 이미지를 생산하는 반면, 그가 이미지와 실재와 관계 있는 매체들에 포함시키지 않았던 텔레비전은 더 이상 이미지가 아니며 스크린일 뿐이다. 이런 맥락에서 텔레비전의 이미지에 대한 보드리야르의 견해가 빌렘 플루서Vilém Flusser의 견해와 충돌하는 지점이 발견된다.

그러면 시뮬라크르의 시대에서 가상의 디지털 시대로의 전환을 어떻게 사유해야 하는가? 무엇보다 가상 세계에 대해 철학적 물음을 제기한 철학자와 사상가들 가운데 들뢰즈, 플루서, 보드리야르가 어떻게 가상을 정의하고 사유하는지를 분석할 필요가 있다. 여기서 핵심적 논의는, 플루서는 왜 디지털 가상을 대안적 세계로 간주하는지를, 보드리야르는 왜 아날로그 이미지에서 디지털 이미지로의 이행을 완료한 후 발생하는 '현실의 사라짐'을 이미지가 처해 있는 현재의 운명에 연결하는지를 규명하는 일이다. 이에 덧붙여 보드리야르가 디지털 세상의 분석 대상으로 삼은 디지털 사진에서 보이는 디지털 이미지는 과연 세계를 보는 새로운 관점이 될 수 있는지, 또한 그것이 현실의 해방과 이미지의 해방으로 연결될 수 있는지를 밝히는 일이다.

2 _ 시뮬라크르로서의 이미지

디지털과 가상의 지배가 아직 문제시되지 않을 때, 보드리야르에게 '사물'에서 '기호로서의 사물'로의 이행은 무엇을 의미할까? 이는 교환가치와 사용가치에서 기호가치로의 이행처럼 사물이 기호와 코드와 교환될 수 있다는 것을 뜻한다. 사물이 현실성을 상실한다 할지라도, 기호로서의 사물은 여전히 지시대상의 현실과 어떤 관계를 갖는다는 것이다. 왜냐하면 사물은 점점 더 추상적인 코드에 따르는 기호가 되며, 존재론적으로 재현의 영역에 속하기 때문이다.

하지만 소비의 거대한 기획으로 움직이는 소비사회는 사물의 과잉과 증식을 초래하고 이미지로 사물을 삼키기에 이른다. 이미지는 사물에게 치명적인 것이 된다. 말하자면 이미지는 '대량 파괴의 무기'인 셈이다. 이런 상황에서 이미지의 파괴력은 시뮬라크르를 만들어 내고 실재와 모델 사이의, 실재와 시뮬라크르 사이의 혼동을 현실화한다. 이때 이미지는 아무것도 재현하지 않으며, 스크린에 연속적으로 펼쳐지는 대상들조차 재현하지 않는다. 이로써 '기호로서의 사물'에서 '시뮬라크르'로의 이행이, '재현'에서 '시뮬라시옹'으로의 이행이 가능해진다.

　요컨대 시뮬라크르로 전환되는 것은 바로 이미지인데, 예를 들어 광고의 이미지, 영화의 이미지, 텔레비전의 이미지, 컴퓨터의 이미지 등이다. 이들 이미지와 관련하여, 이미지와 실재의 관계, 본질적으로 파악하기 어려운 현실의 영역과 이미지의 영역 사이의 혼동을 어떻게 이해해야 할까? 우선 이미지의 흡수, 이미지를 둘러싼 혼동, 이미지의 악마적 유혹 등에 관한 다양한 논의가 이루어질 수 있을 터이다. 이때 눈여겨 보아야 할 것은 이미지의 전략이다. 이 전략에 의해 이미지가 항상 현실세계와 실제 대상들과 관계되는 것처럼 보이며, 또한 논리적으로 그것들 이전의 무엇인가를 재현하는 것처럼 보이는 것은 전혀 사실이 아니라는 점이다. 보드리야르가 보기에, '시뮬라크르로서의 이미지'는 실재와 그 복제의 인과논리 관계를 전도시킬 정도로 실재를 능가한다.《기술복제시대의 예술작품Das Kunstwerk im Zeitalter seiner technischen Reproduzierbarkeit》에서 베냐민Walter Benjamin은 이미 '실재의 복제' 가능성을 통한 (현실이나 의미의) 생산 영역에서의 이 근대적 혁명을 예리하게 지적했다. 여기서 베냐민이 말하는 '실재의 복제'는, 곧 보드리야르가 기술하는 (재현과는 정반대인) '시뮬라크르'를 가리킨다.

보드리야르의 사유 세계에서 이미지를 이해하는 열쇠는 이미지가 재현적이지 않다는 점이다. 달리 말하면, 이미지는 현실이나 실재를 재현하지 않는다는 것이다. 이런 맥락에서 재현의 차원에서 벗어난 이미지에 걸린 문제는 이미지의 살해하는 힘, 즉 자신의 모델을 살해함으로써 실재를 살해하는 이미지의 힘이라고 보드리야르는 단언한다(Baudrillard, 1981:16). 모델과 실재의 혼동을 현실화하는 보드리야르의 분석은 모델을 통한 실재의 흡수에 이르는 이러한 혼합의 예증으로 넘쳐난다. 예를 들어, 광고의 이미지가 사회적인 것을 사회적인 것의 시뮬라시옹 속으로 끌어들이는 실재와 모델, 사물과 기호의 일반화된 교환 영역에서 작용한다면, 영화의 이미지는 줌zoom · 이동 · 특수효과의 수단으로 현실과 가상 혹은 실재와 가상을 구별할 수 없게 만든다.

영화의 이미지

이런 맥락에서 현실과 가상, 실재와 가상의 경계가 사라지는 것을 다룬 워쇼스키Wachowski 감독의 영화 〈매트릭스The Matrix 1〉을 떠올려 볼 수 있다. 이 영화는 어떻게 시뮬라크르가 실재보다 우월하고 실재를 앞서며 실재를 구성하는지를 보여 준다. 워쇼스키는 영화 이미지의 힘을 시험하고, 특수효과의 엄청난 기계류가 되어 버린 영화의 영향을 시험하려고 시도한다. 이때 시뮬라크르로서의 이미지는 실재를 초과실재로 만들고 현실을 초과현실로 만들며 실재나 현실의 모델을 만들기 시작한다.

이 영화는 우리에게 실재 세계와 가상 세계를 제시하면서 은연 중에 실재 세계보다 조작된 가상 세계(시뮬라크르 세계)를 선택하는 것이 나을 수 있다는 것을 나타낸다. 달리 말하면 시뮬라크르로서의 이미지가 실재를 잠식하여 실재를 대체하는 현상을 보여 주면서 가상이 대개 실재보다 더 매력적으로 보일 수 있음을 암시한다. 마치 아이맥스 영화를 통해 그랜드캐니언을 경험하는 것이 실제로 그곳에 가서 경험하는 것보다 훨씬 더 낫다고 상상할 수도 있을 테니까.

일반적으로 이미지는 실재의 반영이나 재현 혹은 실재의 복제로서 그 자체의 역할로도 우리의 관심을 끌긴 하지만, 이미지가 현실이나 실재를 초과현실이나 초과실재로 만들고 현실이나 실재의 모델을 만들 때도, 이미지가 현실이나 실재를 왜곡하기 위해 현실이나 실재를 따를 때도, 차라리 이미지가 자신의 목적을 위해 현실이나 실재를 점유할 때도, 이미지가 현실을 예상할 때도 우리에게 흥미로운 것이다.

이미지의 역할과 관련하여 열거된 예들 중에서 '이미지에 의한 현실의 왜곡'에 눈길을 돌려 보자. 피터 위어Peter Weir 감독의 영화 〈트루먼 쇼Truman Show〉가 이에 해당한다. 영화 속 텔레비전 쇼는 30년 동안 자신이 살고 있는 도시에서 한 번도 벗어난 적이 없는 트루먼의 삶을 보여 주는 리얼리티 쇼이다. 이 영화는, 텔레비전화된 사건이 가능성도 없어 보이고 어떤 점에서는 상상적으로만 남아 있는 어떤 실제 사건보다 우위에 있음을, 말하자면 시뮬라크르로서의 이미지가 추정되는 어떤 현실이나 실재보다 우위에 있음을 보여 주는 좋은 예이다.

이 영화에서 사건의 시뮬라크르를 생산하기 위해 실재는 영화의 이미지에 따라 정돈된다. 영화의 이미지에 따라 〈트루먼 쇼〉속에서 현실이나 실재를 보고 조작된 '시뮬라크르로서의 이미지'를 보기 위해서는 우리의 논리를 뒤엎을 필요가 있다. 왜냐하면 영화에서 리얼리티 쇼의 현실이나 실재가 텔레비전의 효과로부터 비롯되는 것과, 우리의 현실이나 실재가 〈트루먼 쇼〉라는 영화의 효과에서 비롯되는 것은 동일한 논리에 의한 것이기 때문이다.

하지만 〈트루먼 쇼〉는 리얼리티 쇼의 본래적인 원형이나 모델이 아니다. 리얼리티 쇼는 보드리야르가 말하는 "실재와는 아무런 관련도 없는 순수한 시뮬라크르"이다. 영화 속에서 제작자가 말하는 다음의 대사들을 떠올려 보라. "이것도 가짜야. 다 너 때문에 만든 거야. 이건 세트야. TV 프로라고. 쇼란 말이야. 다들 널 보고 있어."

그러니까 어딘가에 시뮬라크르의 연쇄반응이 있고, 이 연쇄반응은 오늘날 우리를 현혹한 모든 사건들보다 훨씬 더 치명적이다. 물론 이 연쇄반응은 인과관계의 논리에 의한 것이 아니고, 실재를 시뮬라크르에 연결하는 전염과 인접관계에 의한 것이다. 이때 실재와 이미지의 관계 속에서 이미지는 어떤 논리를 갖는가? 이미지는 그 자체의 내재적이고 덧없는 논리, 선과 악 혹은 진실과 허위를 넘어선 비도덕적인 논리, 메시지가 매체의 영역에서 사라지는 의미의 내파implosion 논리를 갖는 것처럼 보인다. 이미지는 더 이상 실재를 반영하고 재현하는 것이 아니라 실재를 위협하는 시뮬라크르인 셈이다.

텔레비전의 이미지

보드리야르가 이미지와 관계 있는 매체들에 텔레비전을 포함시키지 않은 것은 주목할 만하다. 영화가 강렬한 상상을 불러일으키기 때문에 여전히 이미지의 위상을 갖는 반면, 텔레비전은 그런 이미지가 출현하지 못하도록 하면서 매혹하는 스크린이라는 것이다. 이때 보드리야르가 말하는 텔레비전의 '차가운 빛'을 눈여겨 볼 필요가 있다. 그에 따르면 텔레비전의 차가운 빛은 우리의 상상에 아무런 영향도 미치지 못한다. 이 빛이 더 이상 어떠한 상상적인 것도 운반하지 못할 뿐만 아니라, 그것이 더 이상 이미지가 아니라는 단순한 이유 때문이다.

이 지점에서 보드리야르에게 텔레비전의 이미지는 강렬한 상상을 운반하는 영화의 이미지에 대립된다. 보드리야르가 보기에, 영화는 텔레비전에 의해 점점 더 오염되긴 하지만, 영화는 여전히 이미지이다. 즉, 영화는 스크린과 시각적 형태일 뿐만 아니라 하나의 신화이다. 복제, 환상, 거울, 꿈 등의 성격을 아직 지니고 있는 것이다. 반면 텔레비전의 이미지에는 영화의 이러한 것이 전혀 없다. 보드리야르의 말대로 그것은 아무것도 환기하지 않고 매혹하며, 자화효과effet magnétique를 갖는다. 텔레비전의 이미지는 스크린일 뿐이다. 그것조차도 아니면 우리의 머릿속에 즉각적으로 축소된 단말장치terminal 같은 것이다. 여기에 덧붙여 보드리야르는 아이러니하게도 "우리가 스크린이고, 텔레비전이 우리를 바라보고 있다"고 지적한다. 말하자면 우리를 바라보고 있는 텔레비전은 자신이 무엇인지를 스스로 드러낸다. 그것은 다른 세계의 이미지로서 근본적으로는 아무에게도 말 걸지 않으며, 자신의 이미지를 구별 없이 전달하고, 자신의 메시지에조차 무관심하다(Baudrillard, 1986:100). 어떻게 보면 그것은 우리 머리의 모든 신경회로망을 트랜지스터로 만들어서 그 속을 마치 자화된 테이프bande magnétique를 통과하듯이 통과한다. 그것은 테이프이지 영화의 이미지 같은 이미지가 아니다.

보드리야르의 지적처럼 텔레비전은 실제로 상상을 운반하지 못하는 매체이며 이미지가 아닌 것일까? 이에 대하여, 빌렘 플루서는 보드리야르의 견해와는 전혀 다른 시각을 드러낸다. "텔레비전 코드는 상상적임과 동시에 구상적인 지각을 허용한다. 이는 아직 존재하지 않았던 상황이다. 곧, 이 상황에서는 모든 과정들이 '상상될 수 있고' 모든 상상들이 '과정화될 수 있다'"(플루서, 2004:197). 플루서는 텔레비전에서 '상상하고 구상하는' 인지 형식의 가능성이 열리고, 그것이 미래에 완성되고 정교하게 다듬어질 수 있다고 전망한다.

게다가 플루서는 텔레비전은 거의 배타적으로 일종의 영화로 다루어질 수 있다고 기술한다. 말하자면 재현 형식이 아니라 상상 형식으로 다루어질 수 있다는 것이다. 존재론적으로 실재의 재현과 상상은 당연히 분리될 수 없다. 이미지는 실재를 인지하는 방법이고, 이미지는 실재로서 인지된다. 그럼에도 불구하고 실재의 차원들을 구별하고, 실재 그 자체와 이미지를 구별하는 것은 존재론적인 문제이다. 따라서 텔레비전의 '차가운 빛', 즉 텔레비전의 이미지가 더 이상 이미지가 아니라는 보드리야르의 역설은 텔레비전이라는 매체의 존재론적 차원에서 이론의 여지가 있다고 여겨진다.

이 지점에서 텔레비전 이미지에 대한 보드리야르와 플루서의 사유를 정리해 보면, 보드리야르는 실재와 이미지의 변증법적 관계를 고려하는 반면, 플루서는 실재와 이미지의 존재론적 관계를 성찰하는 듯하다.

하지만 가상과 디지털의 지배가 거의 문제되지 않는다는 전제 아래, 이미지 일반(매체 이미지, 기술적 이미지)과 관련하여 이미지의 비밀은 어디서 찾아내야 할까? 보드리야르의 사유에 따르면, 이미지의 비밀은 실재와 이미지의 구별이나 이미지의 재현적 가치에서 찾아서는 안 되며, 그와 반대로 이미지를 실재 속으로 끼워 넣는 것, 이미지와 실재를 단락시키는 것, 결국 이미지와 실재의 내파에서 찾아내야 한다. 보드리야르에게 더 이상 재현의 여지가 없는 실재와 이미지를 구별하는 것이 점점 더 어려워지고 있기 때문이다.

이미지와 일상적 삶, 스크린과 일상적 삶 사이의 이러한 공모는 매우 흔한 방식으로 경험될 수 있다. 특히 현대의 대도시들은 끊임없는 이미지들의 스크린을 연출한다. 스크린을 통한 이미지의 매혹은 전통적 의미에서 이해되는 꿈이나 상상의 매혹이 아니다. 물론 영화, 회화, 연극이나 건축의 이미지와 같은 다른 이미지들은 꿈꾸게 하거나 상상하게 할 수는 있다. 그러나 보드리야르의 관점에서 보면, 현대의 매체 이미지들에 특유한 것 이상의 무언가가 존재한다. 만약 이미지가 우리를 그토록 매혹한다면, 그것이 의미와 재현을 생산하는 장소이기 때문이 아니라, 그와 반대로 의미와 재현을 사라지게 하는 장소, 우리가 현실의 어떤 판단은 별도로 하고 사로잡혀 있는 장소, 실재와 현실원칙을 부정하는 숙명적 전략의 장소이기 때문이리라(Baudrillard, 1987:29).

실제로 현대의 일상적 삶에 침투하여 확산되는 이미지들, 말하자면 무한히 증식하는 시뮬라크르로서의 이미지들은 실재를 압도하고 끊임없이 위협한다. 이러한 이미지들은 누구도 통제할 수 없고 저항할 수 없는 연쇄반응과 전염과 인접관계를 통해 무한히 증식하여 어떠한 초월성도 궁극목적성도 지니지 않게 되는데, 이 이미지들에 의해 현대세계는 무한해지고 오히려 지수함수적이 되고 있다. 이는 곧 현대세계가 가상과 디지털의 세계로 전환되고 있거나 전환되었음을 알리는 것이며, 동시에 가상의 디지털 이미지의 강렬한 매혹에 사로잡혀 있음을 나타내는 것이다.

3 _ 가상의 디지털 이미지

니콘Nikon이 디지털 리플렉스 카메라를 출시한 것은 1999년의 일이다. 이로써 아날로그에서 디지털로의 이행은 디지털 사진의 출현과 함께 현대의 일상적 삶과 문화에 획기적인 변화를 초래했다. 이미지가 가상과 디지털의 현실 속으로 빨려 들어가면서, 이미지의 운명은 바뀌게 되었다. 2001년에 출간한 《타자라는 파편에 대하여D'un fragment l'autre》에서, 보드리야르는 이 가상과 디지털의 세계를 '완전한 현실réalité intégrale'이라 부른다. 이 완전한 현실은 전혀 새로운 세계이다.

보드리야르가 말하는 '완전한 현실'이란 구체적으로 무엇을 의미할까? 보드리야르는 현실 그 자체는 존재하지 않으며, 현실 효과만이 있다고 단언한다. 그의 상상력 속에서 우리가 어떤 원칙을 만들었던 현실이 사라지고 있는 것이다. 현실을 지시대상이나 가치로 되살리려 하는 것은 있을 수 없는 일이다. 왜냐하면 현실원칙이 사라졌기 때문이다. 이로써 현실의 사라짐 뒤에서 목격되는 것은 바로 가상현실, '완전한 현실'의 잠재적 상승이다. 보드리야르는 "끝없는 조작적 계획으로 세계에 범죄를 저지르는 것, 즉 모든 것이 현실적이 되는 것, 모든 것이 가시적이고 투명하게 되는 것, 모든 것이 해방되는 것, 모든 것이 실현되고 어떤 의미를 갖는 것을 완전한 현실"이라고 정의한다(Baudrillard, 2004:11).

보드리야르에게 이 완전한 현실은 기술적으로 실현된다. 말하자면 원칙과 개념으로서의 현실이 현실의 기술적 실현으로 옮겨가는 것이다. 보드리야르에 따르면 무엇보다도 현실의 과잉으로 인해 사람들은 더 이상 현실을 믿지 않는다. 현실과 현실세계가 기술적 포화상태에 이르며, 가능성이 넘쳐나고 욕망의 실현이 넘쳐난다. 현실의 생산이 기계적인 것이 되어 버린 이상 어떻게 현실을 믿어야 하는가?

보드리야르가 보기에, 현실은 현실의 과잉으로 마비된다. 이로써 온갖 형태의 현실의 과잉은 견딜 수 없는 것이 된다. 그러면 현실의 과잉으로 현실은 사라질 수밖에 없는가? 아니면 현실은 존재하는가? 보드리야르는 이를 현재 우리 문화의 중요한 주제로 본다.

보드리야르는 최근의 책들에서 현실과 현실세계에 대해 이렇게 언급한다. "'현실'은 속임수이다. 확인할 수 없다면, 세계는 근본적인 환상이다." "우리 시대의 진짜 속임수는 이러한 맹목적 집착, 즉 '현실'과 현실원칙의 이러한 이스테레지hystérésie 가운데에 있다"(Baudrillard, 1999:11~29). "사람들이 현실이 사라졌다고 말할 때, 이는 현실이 물질적으로 사라졌기 때문이 아니라 형이상학적으로 사라졌기 때문이다." 그렇다면 현실은 과연 믿을 수 있는 것인가?

가상의 사유

철학사의 전통은 현실을 가상virtuel으로 간주한다. 플라톤은 '현실이 감각에 비친 가상'에 지나지 않는다고 생각했다. 그에게 참된 실재는 이데아의 세계이며, 현상계의 현실은 이데아 세계의 그림자에 지나지 않았다. 관념론자인 플라톤처럼 유물론자인 데모크리토스도 현실을 가상으로 보았다. 현실은 단순히 '감각에 비친 이미지'라는 것이다. 위대한 철학자들의 사유에 따라 현실도 거짓이라면, 플루서의 도발적 물음대로 이 세계에서 "속이지 않는 것도 있는가? 왜 가상은 원래 속이는 것인가?"

현실도 가상도 '거짓'이거나 '속이는 것'이라면, 그것들을 어떻게 이해해야 할까? 실제로 가상이라는 말은 긴 역사를 가진다. 플라톤에게 가상은 실재와 비실재의 관계 속에서 비실재irréel로 간주되었다. 스콜라 철학에서 가상은 실행 상태가 아니라 잠재된 힘의 상태로 존재하는 것이었다. 현대에 이르러 가상은 실재적réel이 되거나 현실적actuel이 되는 것, 즉 잠재적인 것potentiel을 나타냈다. 니체는 가상을 '잠재적인 것'과 '현실적인 것'의 관계 속에서 사유한다. 여기서 주목할 것은 들뢰즈의 철학이다. 그의 사유는 잠재적인 것virtuel과 현실적인 것actuel의 관계를 중심으로 전개된다. 물론 이 관계 사이에는 현실화actualisation가 작용한다. 들뢰즈에게 잠재적인 것은 실재적인 것에 대립하지 않는다. 다만 현실적인 것에 대립할 뿐이다. 잠재적인 것은 그 자체로 어떤 충만한 실재성을 지니며, 잠재적인 것의 절차는 현실화이다(들뢰즈, 2004:455). 말하자면 잠재적인 것은 현실화를 통해 현실적인 것이 된다.

　　들뢰즈가 말하는 '잠재적인 것이 지니는 실재성'과 '현실화'란 구체적으로 무엇을 뜻하는 것일까? '잠재적인 것이 지니는 실재성'은 "성취해야 할 어떤 과제의 실재성이고, 이는 마치 해결해야 할 어떤 문제의 실재성과 같다." 여기서 들뢰즈의 '잠재적인 것', 즉 '가상'을 자세히 살펴보면, 그것은 허위적이고 허망한 것과는 거의 관계가 없으며, 실재의 반대 개념이 아니다. 그와 반대로 그것은 "풍요롭고 강인한 존재 방식이며, 창조 과정을 확장하고 미래를 열어 주는" 것이다(Lévy, 1995:12).

그리고 들뢰즈에게 잠재적인 것의 절차는 현실화인데, 이 현실화는 어떤 문제의 해결책으로 보인다. 이때의 해결책이란 문제의 형성 과정에 미리 포함되지 않았던 것이다. "현실화는 창조, 즉 힘과 목적성의 역동적인 구성으로부터 어떤 형태를 만들어 내는 것이다." 이러한 과정에서 가상을 키워 주는 진정한 생성 같은 것들이 발생한다.

들뢰즈의 사유와 관련하여 플루서는 가상을 어떻게 이해할까? 그에게 가상과 관계 있는 것은 실재가 아니라 현실적인 것actuel이다. 플루서에게서 가상은 아직 현실화하지 않은 것, 즉 잠재적인 것으로 정의된다. 그에게 중요한 문제는 세계를 변화시키는 것이 아니라 '대안적 세계'를 창조하는 것이다. 대안적 세계는 앞으로 도래할 미래에 있는 가상으로서 현실화를 통해 창조될 수 있다. 플루서는 이 현실화를 기획projekt으로서 인간의 능동적 활동으로 파악하고, 기술을 통해 이 기획을 실현하려고 한다.

이들 철학자나 사상가들과 달리, 보드리야르는 어떻게 가상을 사유할까? 리포베츠키Gilles Lipovetsky는 '공허의 시대'를 수반하는 현실의 사라짐에 빗대어 "우리는 가상의 동굴에 갇힐 것이다"라고 말한다. 보드리야르는 새로운 기술을 통해 가상virtuel의 출현은 현실의 사라짐을 나타낸다고 지적한다. 현실이 자신의 과잉과 증대로 마비되면, 현실은 온갖 형태의 가상을 허용하게 된다는 것이다. 이 지점에서 보드리야르는 가상(잠재적인 것)이 현실적인 것actuel으로 될 수밖에 없었다는 진부한 철학적 의미로부터 벗어날 수 있다고 주장한다.

보드리야르의 이런 주장을 고려해 보면, 그에게 분명 가싱은 현실을 대신하는 것이며, 세계의 결정적인 현실을 통해 세계를 완성하는 동시에 해체함에 따라 현실에 대한 궁극적인 해결책이 된다. 가상은 잠재적인 현실이 아니다. "궤도의, 그리고 탈궤도의 가상은 더 이상 현실세계와 일치할 수 없다. 원형을 흡수한 후, 그것은 결정불가능한 세계를 만들어 낸다"(Baudrillard, 1999:25). 가상현실은 완전히 등질화되고 디지털화되고 조작화될 수 있는 것이다. 가상현실은 비현실적이 아니다. 그것은 초과현실hyperréalité보다 더 현실적이다. 말하자면 "가상현실은 매우 완전하기 때문에 우리가 시뮬라크르로서 정당화했던 것보다 더 현실적이다"(Baudrillard, 2000b:52).

따라서 보드리야르의 입장에서 가상은 기호나 이미지의 영역에 속하지 않는다. 가상은 기호나 이미지를 살해하기 때문에 더 이상 시뮬라시옹이 아니다. "만약 시뮬라시옹의 단계가 실제로 실재를 살해하는 단계라면, 가상은 기호나 이미지를 살해하는 단계이다(Baudrillard, 2005b:92)." 가상의 영역에서는 아무것도 재현될 수 없다. 이로써 가상은 실재와 재현의 변증법을 끝내는 치명적

무기가 된다.

이런 맥락에서 보드리야르에게 디지털 이미지와 합성 이미지는 더 이상 시뮬라크르가 아니다. 거기서 기호나 이미지는 과거 그대로의 것이 아니다. 왜냐하면 기호나 이미지가 되는 '실재'가 더 이상 없기 때문이다. 이런 점에서 보드리야르의 말대로 가상은 실재를 청산하는 것이자 실재의 역설적인 완성처럼, 실재의 사라짐처럼 실재에 대한 궁극적인 해결책이 된다.

지금까지 논의된 철학자들의 '가상의 사유'는 가상과 현실의 변증법이나 잠재적인 것과 현실적인 것의 대립으로부터 출발하는 어떤 사유에 사로잡혀 있는 듯하다. 하지만 가상은 현실화를 통해 잠재적인 것과 현실적인 것의 두 차원을 융합하거나 미확정 짓는 것이다. 바로 이 점에서 가상은 새로운 현실을 창조하는 것으로 여겨진다.

철학자들의 가상의 사유는 다소 차이를 보이긴 하지만, 가상은 넓은 의미에서 '창조'와 '해결책'이라는 개념을 수반하고 있다. 정리해 보면, 가상은 '해결해야 할 문제'를 지니며 '창조 과정을 확장하고 미래를 열어 주는' 것(들뢰즈), 도래할 미래에 '창조'되어야 할 '대안적 세계'(플루서), 새로운 세계로서 '현실이나 실재에 대한 궁극적 해결책'(보드리야르)으로 규정되고 있다.

가상의 디지털 이미지

플루서는 〈디지털 가상Digitaler Schein〉이라는 탁월한 글을 발표한 바 있다. 그가 말하는 '디지털 가상'은 스크린 위의 합성 이미지만을 가리키는 것이 아니다. 그는 오늘날 모든 것이 디지털 가상이 될 수 있음을 암시했다. 이 디지털 가상이 만들어 내는 디지털 이미지는 회화·사진·컴퓨터그래픽뿐만 아니라 뉴런·나노·게놈 같은 미립자의 조합과 합성을 통해 만들어진 것까지도 포함한다. 이러한 이미지는 가상이 현실로 되는 기술적 마술을 실현한다. 이런 점에서 플루서는 "가상은 현실만큼 실재적이고, 현실은 가상만큼 섬뜩해질 것"이라고 지적한다. 이로써 현실의 개념 자체도 달라진다. 왜냐하면 디지털 시대의 현실은 플루서의 말대로 주어지지 않고 만들어지기 때문이다.

디지털 시대에는 새로운 기술에 의해 모든 것이 실현될 가능성이 있다. 가상은 기술에 힘입어 현실이 된다. 디지털 이미지는 기술을 통한 복제가 아니라 조작이나 합성이 가능한 이미지이다. 가령 디지털 사진은 현실의 복제가 아니다. 디지털 카메라·휴대폰·컴퓨터로 만들어진 "합성 이미지는 우리의 현실을 열등하게 재현한 것이 아니라 다른 현실을 사실적으로 재현한 것이다."

이런 맥락에서 디지털 사진은 성격이 전혀 다른 새로운 매체이다. 디지털 사진에는 아날로그 사진의 피사체가 존재하지 않는다. 복제 이미지가 과거(우리의 현실)를 향한다면, 합성 이미지는 미래(다른 현실)를 향한다. 예전에 비해 가상의 지위가 달라진 셈이다. 말하자면 가상은 미리 존재하는 현실을 자신의 원형이나 모델로 삼지 않는다. 플루서가 말하는 대안적 세계인 디지털 가상은 도래할 미래에 있는 것이다.

디지털 가상, 디지털 이미지에 대한 플루서의 이런 사유와 달리, 보드리야르는 가상의 디지털 이미지를 어떻게 사유할까? 보드리야르는 디지털 기술이 만들어 내는 가상과 가상현실 뒤로 현실이 사라졌다고 본다. 그는 이 '현실의 사라짐'을 이미지가 처한 현재의 운명에 연결 지어 생각한다. 이미지가 아날로그에서 디지털로 이동을 완료했기 때문이다. 달리 말하면, 디지털 이미지가 현실을 가상과 디지털의 현실로, 컴퓨터화되고 수치적인 현실로 바꾸어 놓기 때문이다. 요컨대 이미지의 운명은 이런 혁명의 일부분으로 여겨진다.

보드리야르는 아날로그에서 디지털로의 이동을 보여 주는 좋은 예로 디지털 사진을 든다. 디지털 사진은 음화négatif와 현실세계로부터 단숨에 해방되는 동시에, 아날로그 사진에 고유한 피사체가 사라짐으로써 피사체를 디지털적으로 구성할 수 있기 때문이다. "사진 행위의 유일한 순간도 끝나게 되는데, 이미지가 즉각적으로 사라지거나 재구성될 수 있기 때문이다"(Baudrillard, 2007:24). 반면 아날로그 사진은 세계에 의해 만들어진 이미지이다. 보드리야르에 따르면 그것은 피사체에서 나온 빛과 시선에서 나온 빛의 수렴으로 간주되는 이미지이다. 아날로그 이미지는 이 미지를 그 자체로서 그리고 현실세계와는 다른 환상으로서 존재 할 수 있게 한다.

이 지점에서 보드리야르는 완벽한 조작과 합성이 가능한 디지 털 이미지에 대해 다음과 같이 설명한다. "디지털 이미지는 스크 린에서 바로 생겨난 이미지로서, 스크린에서 생겨난 다른 모든 이미지들의 무리 속에 잠겨 버린다. 디지털 이미지는 흐름의 계 열에 속하고, 기기의 기계적인 조작 기능에 갇혀 있다." 이로써 디지털 사진은 무엇이든 놀랍도록 간편하고 쉽게 이미지를 재생 하고 합성할 수 있다.

보드리야르는 아날로그에서 디지털로의 전환 이후 "이미지의 상상 자체, 그 근본적인 환상은 끝났다"고 지적한다. 디지털 합 성작용에서는 지시대상(재현)이 완전히 사라지고, 실제 대상이 이미지의 기술적 프로그램화 가운데 사라지면서 현실 자체가 가 상현실로 즉각적으로 생성되기 때문이다. 디지털 이미지는 이제 순수한 인공물인 이미지를 사라지게 하고, 상상될 수 있는 현실 을 사라지게 한다.

보드리야르가 보기에, 디지털 사진은 그저 사진이 아니다. 그 것은 일종의 그래픽이어서 현실을 기록하거나 재현하지 못한다. 이는 '원본적 매체médium orginal로서의 사진'을 불가피하게 사라지 게 한다. 말하자면 디지털의 과잉과 쇄도로 인해 아날로그 이미지와 함께 사라진 것은 사진의 본질적 특성이다. 실제로 아날로 그 이미지를 특징짓는 것은 아날로그 이미지 안에서 어떤 형태의 사라짐, 거리나 정지가 이루어진다는 점이다.

반면 디지털 이미지에서는 더 이상 음화도 없으며, 나중으로 연기된différé 것도 없다. 디지털 이미지에서는 아무것도 사라지지 않는다. 예전과 달리, 오늘날 이미지 제작의 기술적 조건이 크게 달라졌기 때문이다. 이는 이미지를 제작하는 디지털 기술이 가상의 세계와 관계되며, 이 세계는 조작과 네트워크와 회로만을 허용한다는 것을 뜻한다. 마치 가상의 완벽한 음악이 컴퓨터상에서 구성될 수 있는 기술적 조작과 회로 속에서 프로그램화되듯이, 디지털 이미지도 어떤 프로그램의 실현이자 결과일 뿐이며, 한 매체에서 다른 매체로 자동적으로 전달되면서 시각적 흐름 속에서 이어진다. 이미 오래전에 디지털화를 완료한 컴퓨터, 인터넷, 휴대폰, 텔레비전 스크린 등이 갖춘 네트워크의 자동성이 이제 이미지 제작의 자동성에 호응하고 있는 것이다.

디지털 기술의 비물질성 이면에는, 즉 디지털과 스크린의 비물질성 이면에는 매클루언Marshall Mcluhan이 텔레비전과 매체의 이미지에서 이미 알아낸 바 있는 상호작용의 몰입이 숨어 있다. 몰입·내재성·즉각성은 디지털 가상이 지니는 특성들이다. 보드리야르에 따르면, 디지털 가상에는 더 이상 시선도, 거리도, 상상도, 환상도, 외재성도 없다. 따라서 우리는 있는 그대로의 세계가 아닌 완전히 디지털 기술에 의해 실현된 세계에 접근한다.

어떻게 보면 보드리야르의 말대로 "우리는 기술적 조작에 의해 단순해졌다. 이러한 단순화는, 우리가 디지털 기술의 조작에 이르게 되면, 어떤 미친 듯한 흐름을 탄다." 보드리야르가 말하는 디지털 기술의 조작에 의한 가상은 현실을 자동적으로 대체한다. 가상이 현실로 되는 기술적 마술을 실현하는 이런 상황에서, 이미지는 어떤 과정을 거치며 어떤 양상을 띠는가?

이미지는 디지털 기술의 조작과 합성과 수정의 과정을 거치면서 이미지의 이미지로 끝없이 이어지는 이미지의 재생 속에 갇힐 수 있는데, 현실세계는 이미지의 재생 없이는 불가능한 것처럼 보인다. 여기서 주목해야 할 것은 끝없이 이어지는 이미지의 연속이 게놈의 연속적 배열과 닮아 있다는 점이다.

이런 맥락에서 디지털 사진 속에서 자동적으로 한 이미지에서 다른 이미지로 이동하는 이미지의 연속성sérialité을 볼 수 있을까? 아날로그 사진과는 전혀 다른 성격의 매체인 디지털 사진이 연속적으로 이미지들을 만들어 내는 과정 가운데 분명 완성된 형태의 연속성이 발견될 수 있다. 이로써 디지털 카메라를 통해 포착된 이미지들은 총체적으로 하나의 무한한 계열série로 간주될 수 있다. 아날로그 세계에서는 생각할 수 없었던 모든 것, 즉 이미지의 조작 · 합성 · 수정 · 재생의 모든 가능성과 함께 말이다.

보드리야르의 관점에서 보면, 이는 마술적 환상과 이미지의 유일한 사건을 산출했던 결정적인 순간에 찍은 즉각적이고 생생한 사진의 종말을 뜻한다. 아날로그 이미지는 찍는 순간 그 장면(피사체)과 함께 거기에 있다. 바르트Roland Barthes에 따르면 아날로그 사진은 오로지 한 번만 존재했던 것을 증명한다. 반면 디지털 사진은 그 장면(피사체)이 그때 거기에 있을 것을 요구하지 않는다. 디지털 사진은 아직 존재하지 않는 것을 이미 존재하는 것처럼 보여 준다. 디지털 이미지 속에서는 아날로그 이미지에서 보이는 순간의 존재적 측면이 없다.

이런 점에서 디지털 이미지는 아날로그 이미지와는 본질적으로 다르다. 그 차이는 '물리적 특성'에서 비롯되는 것처럼 보인다. 일정한 정보량을 가진 디지털 사진은 무한한 정보량을 가진 아날로그 사진과는 달리 픽셀의 한계에 부딪힌다. 보드리야르는 "디지털 이미지는 일반적인 픽셀화pixellisation의 우발적인 일부분에 지나지 않으며, 시선이나 거리와는 아무런 관계도 없다"고 단언한다.

보드리야르에게 디지털 이미지는 세계를 보는 새로운 관점으로 이해된다. 달리 말하면 모든 것을 하나의 동일한 프로그램에 따르게 하고, 모든 것을 하나의 동일한 계열série에 따르게 하는 새로운 기술적 매체로 이해된다. 하지만 보드리야르가 지적하듯이, 이는 아날로그에서 디지털로의 전환을 단순한 기술적 진보로, 나아가 현실의 해방과 이미지의 해방으로 간주하는 커다란 착각을 낳을 수 있다.

4 _ 가상의 새로운 세계를 향하여

디지털 기술은 이미 우리의 시대를 조직하고 우리의 환경이 되었다. 우리 주변의 모든 것이 디지털화된 오늘날, 디지털은 우리의 일상적 삶이 되었다. 이렇게 디지털 가상이 아날로그 현실을 대체한 상황에서 디지털 매체의 본성은 은밀히 감춰진다. 하지만 디지털 세계는 찬란한 가상 아래 여전히 펼쳐지고 있다.

디지털 기술은 분명 세계를 이해하는 방식을 변화시킨다. 보드리야르에게 디지털 기술이 만들어 내는 합성 이미지, 즉 디지털 이미지는 더 이상 시뮬라크르가 아니다. 디지털 이미지는 과거 그대로의 이미지가 아니며, 가상의 이미지이다. 현대를 '시뮬라크르와 시뮬라시옹의 시대'로 규정했던 보드리야르 역시 '시뮬라크르의 황금시대의 종말'을 예상했다. 말하자면 그는 가상을, 시뮬라시옹의 단계를 넘어선 새로운 단계와 관련지어 사유했다.

하지만 앞서 논의했듯이, 가상과 디지털의 지배가 아직 문제시되지 않을 때, 다시 말해서 시뮬라크르의 지배가 여전히 유효할 때, 시뮬라크르로서의 이미지는 자신의 힘과 매혹을 발휘할 수 있었다.

여기서 쟁점을 이루는 것은, 보드리야르가 텔레비전 이미지는 더 이상 이미지가 아니라고 지적한 점이다. 말하자면 영화 이미지가 시뮬라크르로서의 이미지의 양상을 띠면서 상상을 불러일으키고 (아날로그) 사진 이미지가 매우 설득력 있고 특이한 가치를 갖는 반면, 텔레비전 이미지는 엄밀히 말해서 이미지가 아니라는 것이다.

보드리야르가 보기에 텔레비전 이미지는 시각적인 것에 속하고, 다른 것이고, 다른 영역이다. 우리가 일련의 끊임없는 이미지들, 즉 서로 연속적으로 이어지는 이미지들을 갖는 순간부터, 그런 이미지들은 더 이상 이미지가 아니라는 것이다. 달리 말하면 이미지의 힘을 가질 시간도 이미지의 상상을 위한 시간도 없다면, 이미지와의 최소 거리도 없다면, 그런 이미지들은 이미지가 아니라는 것이다. 보드리야르의 이런 견해는 매체의 존재론적 차원에서 텔레비전을 일종의 영화로 간주하는 플루서 같은 사상가들에게는 다소 논란의 여지가 있을 수 있다.

우리는 모든 이미지들을 일반화할 수 없겠지만, 실제로 이미지란 무엇인가를 엄밀하게 재정의할 필요가 있다. 그렇다고 해서 우리가 관계하고 있는 대부분의 이미지들을 배제할 필요는 없다. 보드리야르의 말대로 그것들 역시 다른 것이며 다른 영역에 속하는 것이기 때문이다.

그러면 보드리야르가 말하는 '시뮬라크르로서의 이미지'에서 '가상의 디지털 이미지'로의 전환을 어떻게 이해하는 것이 바람직할까? 보드리야르에게 시뮬라크르나 가상은 현실세계에서 무슨 일이 일어나는지를 파악하려는 표현 방식이나 시도들이다. 가상은 현실과의 단절이 아니며, 우리가 현실로 간주하는 무한한 인공물이나 매트릭스를 완성하는 데 있는 어떤 과정에 속하는 것처럼 보인다.

따라서 보드리야르에게 가상은 현실이나 실재에 대한 궁극적인 해결책이 되고 있다. 이때 눈여겨 보아야 할 것은 보드리야르에게 가상은 전혀 새로운 세계라는 점이다. 가상은 디지털, 디지털 이미지, 멀티미디어, 인터넷, 인공지능, 동일증식, 유전자 조작 등으로 이루어진 세계이다. 가상은 세계를 디지털화하고 코드화할 수 있을 뿐만 아니라 모든 기능들을 조작화하고 네트워크화할 수 있다. 보드리야르의 말대로 "우리는 우리가 원하는 모든 조작을 할 수 있으며, 조작적 세계 속에 있다." 이것이 디지털 기술 속에서, 조작적 세계 속에서 오늘날 어떤 이미지도 가능한 이유이다. 이는 디지털 작용 속에서 대체가능한 어떤 것처럼 어떤 것도 디지털화될 수 있는 이유이다. 디지털 가상은 이미지를 증식시키고 확산시키는 기술적으로 진보된 새로운 매체에 다름 아니다. 이런 맥락에서 디지털 기술에 의한 이미지의 증식과 확산은 보드리야르가 말하는 '초미학' 현상에 연결된다고 할 수 있다.

보드리야르는 최근 초고속으로 실현된 디지털 기술 진보의 시기 동안, '이미지를 통해 현실을 해방하기', '디지털을 통해 이미지를 해방하기'라는 터무니없는 발상이 생겨났다고 지적한다. 물론 현실의 해방과 이미지의 해방은 이미지의 증식과 확산에, 즉 이미지의 황홀경에 효과적이라고 말해질 수 있다. 하지만 이는 사진적 행위의 관점에서는 엄청난 충격이다.

디지털이 형태에 우선하고, 소프트웨어가 시선에 우선할 때 여전히 사진에 대해 말할 수 있을까? 보드리야르의 견해에 따르면, 아날로그 사진 전체가 디지털로의 전환과 함께 희생될 것이 예상된다. 이와 더불어 디지털이 이미지에 대해 그러하듯이, 디지털 합성 작용은 모든 현실의 생산과 집적을 초래할 것이다. 이로써 사진을 무수한 이미지들과 혼동하게 될 것이며, 사진의 비밀과 즐거움에서 멀어지게 될지도 모른다.

하지만 최근 아날로그 사진이 이러한 위기를 극복하기 위해 오히려 디지털 사진의 전략을 적극적으로 차용한다는 점을 고려해야 한다. 또한 디지털 이미지의 선명함 그 자체가 새로운 미적 감정을 만들어 내는 것에도 주목해야 한다. 보드리야르는 이 점을 간과한 듯하다. 그는 디지털을 통해 현실세계의 모든 한계에서 벗어나 완전한 이미지로의 길로 나아가는 것이 불가능하다고 생각한 것 같다. 물론 완전한 이미지로의 길을 여는 것을 열망하는 것은 실제로 어려울 수 있다. 하지만 이런 열망에 집착하기보다는, 오히려 플루서의 말대로 현실은 주어지지 않고 만들어진다는, 사유로부터 현실을 대체하는 디지털 가상의 새로운 전략을 끊임없이 창조하고, 나아가 디지털 이미지를 통해 세계를 바라보는 새로운 관점을 형성하는 것이 필요하다고 여겨진다.

제4장 **건축의 초미학화**

보드리야르는 현대의 건축, 미래의 도시, 예술과 미학의 근본적인 문제들에 대해 비상한 관심을 가진 철학자이다. 그는 건축·도시·공간·대상뿐만 아니라 가상·투명성·사라짐을 탐구했는데, 이는 또한 철학·문화·예술에 관한 것이기도 하다.

사태를 냉정하게 분석하기 위해 '철학'을 가로질러 갔듯이 '건축'과 '미학'을 가로질러 간 보드리야르. 그의 건축적 사유와 미학을 살펴보자.

보드리야르의 건축적 핵심은 무엇보다 건축의 시원적 무대인 공간과 공간의 급진성에 연결되어 있는 듯하다. 그는 끝없는 수평적·수직적 확장이 아닌 다른 방법으로 이 공간을 구조화하고 조직할 수 있는지, 달리 말해서 공간의 급진성에 직면하여 건축의 실재를 찾아내고 건축의 진리를 창조할 수 있는지를 통찰한다. 나아가 자신의 실재, 자신의 기준과 방식, 자신의 기능과 기술 속에서 건축이 스스로를 철저하게 파헤칠 수 있는지, 혹은 자신의 목적일 수 있거나 자신의 목적을 넘어설 수 있게 하는 다른 것 속에서 스스로를 철저하게 파헤치기 위해 그 모든 것의 한계를 넘을 수 있는지를 탐구한다. 이는 건축이 일종의 급진성 속에서 자신의 실재와 진리를 넘어 존재할 수 있느냐에 귀착된다.

1 _ 건축의 급진성에 대하여

사실 보드리야르는 건축의 급진성을 논의하려고 시도하며, 나름대로 자기 시대의 건축을 평가한다. 그의 평가는 건축이 공간에 대한 도전, 사회에 대한 도전, 건축적 창조에 대한 도전 속에서 여전히 존재하느냐에 초점이 맞추어져 있다. 이러한 도전 가운데, 그는 건축적 환상이란 무엇인가에 주목한다. 보드리야르에 따르면, 건축적 환상과 관련하여 두 가지 경우가 존재한다. 하나는 건축이 환상을 낳고 그 자체로 환상이 되는 경우이고, 다른 하나는 건축이 도시와 공간의 새로운 환상, 즉 건축 자체를 넘어서는 다른 무대를 창조하는 경우이다.

보드리야르는 특히 공간에 관심을 가졌으며, 그의 관심은 공간의 현기증을 일으키는 '구축된' 대상들에 있었다. 말하자면 그의 관심을 끈 것은 파리 보부르 구역의 퐁피두센터, 뉴욕의 세계무역센터, 애리조나의 바이오스피어 2, 빌바오의 구겐하임 미술관, 파리의 카르티에 재단 같은 특이한 대상들이었다. 그를 매료시킨 것은 건물들의 건축적 의미가 아니다. 그는 위대한 현대 건축물 대부분이 그렇듯, 어떤 다른 세계에서 탈출한 것처럼 보이는 건축적 대상의 진리에 대해 끊임없이 의문을 지녔다.

예를 들어, 그가 세계무역센터 같은 어떤 건물의 진리를 고려할 때, 그는 심지어 1960년대의 건축이 두 개의 펀치 테이프를

닮은 쌍둥이 건물과 함께 컴퓨터화되지는 않았더라도 하이퍼리얼한 시대와 사회의 윤곽을 이미 그렸다는 사실을 알고 있었다. 실제로 쌍둥이 건물을 통해서 그것들이 서로를 복제한 것이며 오리지널의 종말을 예고했다고 말할 수 있다. 그러면 그것들은 우리 시대를 예상했는가? 건축가들은 한 사회의 현실이 아닌 허구 속에, 예상되는 환상 속에 있는가? 이는 바로 건축과 공간의 초감각적 용도가 있을 것이라는 점에서, 보드리야르가 우리에게 '건축의 진리는 있는가'라고 물음을 제기하는 이유다.

이러한 물음과 관련하여 '창조적 환상', 건축적 실재를 넘어서는 것이 무엇인지 살펴보자. 건축가의 모험은 현실세계 속에서 이루어지며, 그는 매우 특수한 상황 속에 있다. 정확한 기간 안에 정해진 예산과 사람으로 어떤 대상을 만들어 내야 한다. 안전의 이름으로, 재정의 이름으로, 전문업종의 이름으로 직접적이든 간접적이든 검열받는 상황 속에 있다. 어떻게 이러한 구속에서 벗어날 수 있는가?

문제는 지각과 직관에 의한 특수한 전략으로 모든 계획을 미리 개념이나 아이디어에 유기적으로 연결하는 것이다. 이때 사람들이 모르는 장소를 정할 수 있다. 사람들은 창조의 영역, 비지非知의 영역, 모험의 영역 속에 있게 되며, 이러한 장소는 어떤 비밀의 장소가 될 수 있다. 이 장소는 보이는 것을 상상으로 연장할 수 있는 어떤 공간의 환상이 드러나는 곳이다. 여기서 기본적인 가정은 건축이 어떤 공간을 가득 채우는 것이 아니라 공간을 창조하는 것이라는 점이다(Baudrillard & Nouvel, 2000:17).

장 누벨Jean Nouvel이 라데팡스에 계획했던 '끝없는 타워Tour sans fin'를 떠올려 보라.

점차 이해되면서 공간을 인식하도록 모든 요소들을 조직하는 이 타워는 어떤 의미에서 가상의 건축이자 보이는 것 이상을 창조하는 건축이다. 누벨의 건축에는 시선을 유혹하는 상상의 공간이 존재한다. 그가 설계한 카르티에 재단 건물의 정면을 바라볼 때, 건물의 정면이 건물보다 더 크게 보이기 때문에 우리는 하늘의 반사광을 보는지 하늘을 보는지 모른다. 이 환상의 형태는 근거 없는 것이 아니다. 즉, 불안정한 지각을 통해, 그것은 상상의 공간을 창조하고 무대와 무대의 공간을 창출할 수 있게 한다.

이 환상의 형태가 없다면, 건물들은 단지 구조물에 불과할 것이고, 도시 자체는 주거 밀집 지역에 지나지 않을 것이다. (쓸모 있거나 쓸모없는) 기능적 건축을 통해 공간의 포화상태에 이른 현대의 도시들은 실제로 무대와 환상의 상실에 직면해 있다. 따라서 보이지 않는 상상의 공간, 장소와 비장소를 동시에 창조할 수 있고 투명성의 매력을 지닐 수 있는 건축이 절실히 요구된다.

보드리야르의 관점에서 보면, 식별되지 않고 식별 불가능한 건축적 대상들은 주변의 질서에 도전하고 현재의 질서와 투쟁적 관계에 있는 대상들이다. 이런 측면에서 건축적 대상의 진리가 아닌 그것의 급진성에 대한 논의가 가능할 것이다. 만일 이러한 투쟁이 일어나지 않는다면, 만일 건축이 사회와 도시의 질서가 강요하는 구속을 기능적으로 그리고 프로그램에 따라 전사하는 것이라면, 그것은 더 이상 그 자체로서 존재하지 않는다. "훌륭한 (건축적) 대상은 자신의 실재를 넘어 존재하는 것이며 방향전환 · 모순 · 불안정으로 이루어진 (상호작용적이고) 투쟁적 관계를 창조하는 것이다"(Baudrillard, 2013:22).

보드리야르의 지적대로 현대세계는 분명 방향 전환하는 힘, 대상에서 나온 급진성, 기이한 매혹 없이는 존속하기 어려울 거라고 예상된다. 그리고 거기에는 건축가에게 매력적인 것이 존재한다. 다시 말해서 건축가가 창조하는 공간이 계산된 공식적인 행위의 장소가 아니라, 비밀스럽고 불확실하며 예측할 수 없는 시적 행위의 장소라고 상상할 수 있는 것이 존재한다.

그런데 우리는 현대세계에서 전혀 다른 차원에 직면해 있다. 이 차원은 진리나 급진성의 문제가 더 이상 생겨날 수 없는 차원이다. 왜냐하면 우리는 이미 가상성virtualité으로 옮겨 갔기 때문이다. 그리고 거기에는 건축이 더 이상 존재할 수 없는 위험, 어떤 건축도 더 이상 존재하지 않을 위험이 있다.

오늘날 건축이 존재하지 않는 다양한 방식들이 있다. 어떤 건축적 이해도 없이 행해지거나 오래전부터 행해졌던 건축이 있다. 사람들은 자연발생적인 규칙에 따라 자신의 환경을 이해하고 구성했던 것이다. 그리고 체험한 이 공간은 깊이 생각하여 만들어진 것이 아니었다. 그것은 건축적 가치도, 심지어 엄밀히 말해서 미적 가치도 지니지 못했다.

보드리야르가 보기에 "자신의 흔적을 사라지게 하는 건축, 공간이 사유 자체가 되는 건축이야말로 완벽한 건축이나." 이는 예술과 회화에 대해서도 유효하다. 예술, 예술사, 미학에 대해 더 이상 환상을 품지 않는 작업보다 더 훌륭한 작업은 없다. 이와 같은 작업은 사유를 향해 나아간다. 의미와 깊이, 개념사와 진리에 대해 더 이상 환상을 품지 않는 사유보다 더 훌륭한 사유는 없다. 이런 맥락에서 공간, 사유, 건축은 항상 유기적으로 연결하여 검토하는 것이 바람직하다.

2 _ 가상의 건축과 초미학화

가상적 차원의 출현과 더불어, 건축에서 가상적 창조의 모델이 생겨나고 있다. 이제 시각적인 것과 비시각적인 것을 이용할 줄 아는 건축은 전혀 문제가 되지 않는다. 전혀 비밀을 지니지 못하고 시각성의 단순한 조작자가 되어 버린 건축, 스크린으로서의 건축, 어떤 측면에서 공간과 도시의 자연지능이 되기는커녕 공간과 도시의 인공지능이 되어 버린 건축이 문제다. 건축적 모험의 종말이라는 이 위험을 진단하기 위해, 보드리야르는 자신이 좀 더 잘 알고 있는 사진의 예를 든다.

보드리야르에 따르면 "오늘날 대부분의 사진 이미지는 사진 주체의 선택이나 시각이 아닌, 사진기가 만들어 내는 기술적 가상성의 단순한 전개를 표현하고 있다." 말하자면 기계로서의 사진기가 작동하면서 그 모든 가능성을 철저히 파헤치는 반면, 인간은 프로그램의 기술적 조작자에 지나지 않는다. 보드리야르에게 가상이란 사진기가 만들어 내는 모든 기술적 가상성을 철저히 파헤치는 것이다. 이러한 분석은 컴퓨터나 인공지능으로 확장될 수 있는데, 이때 사유는 대개 소프트웨어의 결합이나 기계의 무한한 가상적 조작에 불과하다. 따라서 기술에 의해, 그리고 다양한 기술의 무한한 가능성에 의해 이루어지는 모든 것은 세계를 표현하는 자동기술écriture automatique을 향한다. 이는 기술의 모든 가능성에 맡겨져 있는 건축에 대해서도 마찬가지다.

오로지 기능할 필요가 있고 기능하기를 요구받는 사진기로부터 모든 이미지들이 가능한 것과 마찬가지로, 모든 건축적 형태들도 가상의 원료로부터 현실화될 수 있다. 이 점에서 건축은 더 이상 어떤 진리나 독창성을 가리키지 않고 형태와 재료를 단순히 기술적으로 사용할 수 있음을 가리킨다고 할 수 있다. 빌바오의 구겐하임 미술관을 예로 들어 보자. 그것은 전형적인 가상적 대상이자 가상 건축의 프로토타입prototype이다. "모든 단위 치수들이 드러나고 모든 결합이 표현되는 요소들에 따라 컴퓨터로 구성된 건축물이다." 따라서 동일한 형태의 유사한 미술관들이 건립될 수 있다. 미술관과 그 콘텐츠들(미술작품과 컬렉션)의 관계는 매우 가상적이다. 전시 공간은 일반적이고 관례적인 데 반해, 건축물의 불안정한 구조와 비논리적 배열로 놀릴 만한 이 미술관은 어떤 기계장치의 성능, 즉 응용된 상상의 기술을 상징적으로 나타낸다. 그러나 미술관은 수많은 복제와 공상을 낳는 신체의 생명 유전 연구에 필적하는 어떤 실험의 경이와 같다. 구겐하임 미술관은 어떻게 보면 공간적 괴물인 듯하다. 다시 말해서 건축적 형태 그 자체보다 우위에 있는 어떤 공모의 산물인 공간적 공상이라 할 수 있다(배영달, 2009:453).

보드리야르의 관점에서 보면, 구겐하임 미술관은 레디메이드 ready-made와 같다. 기술과 정교한 설비를 통해 모든 것은 레디메이드가 되고 있다. 구겐하임 미술관에서는 결합될 모든 요소들이 사전에 주어졌으며, 대부분의 포스트모던 형태들처럼 그것들의 영역과 위치를 서로 바꾸는 것으로 충분했다. 뒤샹은 자신의 병걸이로 그렇게 했는데, 단순한 이동을 통해 실제의 대상을 가상적 대상으로 바꾸어 놓은 것이다.

뒤샹을 깊이 탐구한 보드리야르는 뒤샹의 이런 행위를 다음과 같이 설명한다. "미학적 세계를 초미학화하면서 미학적 세계에 센세이션을 일으키기 위해, 미학적 세계에 평범함이 뜻하지 않게 나타나도록 하기 위해, 미학에 침입하여 미학을 궁지에 몰아넣기 위해, 그는 (실제의 대상을) 평범함으로 바꾸어 놓았다." 달리 설명하면 그는 단순한 이동을 통해, 다시 말해서 미학을 끝내지만 동시에 일반적 미학화, 즉 '초미학화transesthétisation'를 향하는 미학적 이동을 통해 어떤 대상을 예술의 영역으로 옮겨 놓았다.

이 지점에서 보드리야르는 역설적으로 뒤샹이 우리 시대의 미학화인 이 일반적 미학화, 즉 초미학화에 길을 터 주었다고 강조한다. 그러나 뒤샹이 시도한 레디메이드의 이러한 혁명은 자동적이고 무한한 미학적 작용을 위해 실제의 대상인 현실세계를 사전에 주어진 프로그램으로 간주하는 데 있다고 할 수 있는가? (이 경우 모든 대상들이 가상적 퍼포먼스에 들어갈 수 있기 때문에) 예술과 회화의 영역에서 일어난 이러한 작용은 건축의 영역에서도 이와 등가치한 것을 지닐 수 있는가? 다시 말해서 건축의 역사에서도 뒤샹의 작업 같은 급격한 변화가 일어났는가?

이는 미학의 숭고한 의미로 볼 때 갑작스런 균등화nivellement와 같은 것이다. 예술의 영역에서 일어나는 모든 것이 더 이상 같은 의미를 지니지 못하는 것처럼 말이다. 물론 건축의 세계에는 왜 뒤샹의 작업과 등가치한 것이 없는지 의아스럽게 생각할 수는 있다. 이 점에 대해, 누벨은 "건축의 세계에는 등가치한 것이 없다. 자동-건축이 없기 때문"이라고 단언한다. 보드리야르도 누벨의 입장과 같은 견해를 표명한다. "건축에서는 사람들은 대상을 이동시킬 수 없고, 대상을 미적 상황으로부터 벗어나게 할 수 없으며, 갑자기 대상을 파괴할 수 없다"(Proto. 2003:129). 건축은 여전히 유용하고 도구적인 기능을 갖기 때문이다. 이로써 건축에서는 뒤상의 작업 같은 센세이션을 상상할 수 없다고 말할 수 있다.

그럼에도 불구하고 어쨌든 그것이 유사요법적으로 시시히 일어날 수 있을 거라고 가정해 볼 수 있다. 즉, 예술의 사라짐의 토대 위에서와 마찬가지로 건축의 사라짐의 토대 위에서 장차 모든 것이 일어날 거라는 것이다. 여기에 덧붙여 오늘날 모든 영역에서 일어나는 모든 것은 실재의 사라짐의 토대 위에서, 엄밀하게 말해서 가상 속에서 일어날 거라고 가정해 볼 수 있다.

사실 무조건적으로 예술의 역사와 건축의 역사를 연장하는 것보다 종말을 넘어 무슨 일이 일어나는지를 파악하는 것이 더 흥미로울 수 있다. 그것은 그러한 사라짐을 넘어 일어날 수 있는 모든 것에 독창적이고 예외적인 특성을 부여할 수 있기 때문이다. 따라서 사라짐을 가정한다면, 모든 것은 여전히 출현할 수 있다. 보드리야르는 건축과 건축적 대상이 예외적인 것으로 남기를 바라며, 도처에서 우리에게 닥쳐올지 모르는 건축의 가상현실에 빠져들지 않기를 바란다(Baudrillard, 2013:34).

그러나 우리는 건축의 가상현실이라는 특이한 상황 속에 있다. 보드리야르는 "오늘날 건축은 대체로 문화와 의사소통을, 다시 말해서 사회 전체의 가상적 미학화를 받아들일 수밖에 없다"

고 주장한다. 그의 이런 주장에 비추어 보면 건축은 사회 전체의 가상적 미학화를 실현하기 위해 문화라 불리는 사회적 형태를 조건 짓는 미술관처럼 기능한다. 더 구체적으로 말하면 "문화적 목적으로 지정된 수많은 건물들 속에 등록되는 것 이외에는 어떤 다른 정의도 갖지 못하는 비물질적인 필요를 조건 짓는 미술관처럼 기능한다." 이때 사람들이 자신들의 삶의 가상적 단역, 즉 레디메이드가 되고 있는 미술관에서 미술관화되지 못할 때, 그들은 전 세계의 문화센터나 상업센터라는 상호작용하는 거대한 공간으로 모여들거나, 사라짐의 장소라 불리는 통행·순환·통과의 장소로 모여든다.

보드리야르에 따르면 "오늘날 건축은 순환·정보·의사소통·문화의 모든 기능들에 종속되고 있다." 이 모든 기능들 가운데 엄청난 기능주의가 있는데, 그것은 유기적인 필요에 의해 구성된 기계적인 세계, 즉 실제의 사회관계에 기초한 기능주의가 아니라 대개 쓸모없는 기능에 결부되어 있는 '가상의 기능주의'이다. 이때 건축은 스스로 쓸모없는 기능이 될지도 모른다.

보드리야르가 보기에, 앞으로 일어날지도 모르는 것은 네트워크와 가상현실을 반영하는, 투명하고 상호작용적이며 이동적이고 유희적인 건물들의 증식과 확산이다. 이는 바로 보드리야르가 말하는 예술에서의 초미학 현상이라고 할 수 있다. 왜 이런 현상이 일어날까? 이는 사회 전체가 결국 문화·의사소통·가상에 대해 환상을 품고 있기 때문이다.

이런 상황에서는 오로지 실시간의 건축, 흐름과 네트워크의 건축, 가상과 조작의 건축, 절대적인 시각성과 투명성의 건축만이 눈에 띌 뿐이다. 이는 분명 모든 차원에서 자신의 불확정성을 되찾은 공간의 건축, 다양한 목적의 다형多形의 건축이다. 보드리야르는 "종종 필요 이상으로 규모가 큰 현재의 대부분의 공공건물들은 공간의 느낌이 아닌 공허의 느낌을 주며, 이러한 공공건물이나 그 주변을 지나가는 사람들은 가상적 대상처럼 보인다"고 말한다(Proto, 2003:135). 거기에는 그들의 현전을 위한 명백한 요구가 없기 때문이다. 이로써 공허한 기능성, 쓸모없는 공간의 기능성이 존재하는 것이다.

3 _ 복제의 건축과 사라짐의 미학

오늘날 문화와 문화공간은 도처에 있으며 앞서 언급한 공허한 기능성에 휩쓸릴 수 있다. 보드리야르는 미학화의 관점에서 문화가 문제라고 지적한다. 그는 이 미학화를 어떻게 이해하고 정의하고 있는가? "미학화는 실재의 영역에 속하는 것이 아니다. 그와 반대로 그것은 사물들이 대립되고 이해할 수 없는 형태들의 유희이기는커녕 외려 어떤 가치가 되고 가치를 지니는 것을 뜻한다"(Baudrillard & Nouvel, 2000:39).

　보드리야르는 일반적인 미학화, 즉 초미학화를 통해 형태들이 약화되고 가치·미학·문화 등이 되는 것에 우려를 표명한다. 이에 덧붙여 미학화에 대해 분명한 반대 입장을 견지한다. 그가 보기에, 작품이나 창작이 드러낼 수 있는 비밀의 상실, 미학을 넘어서는 비밀의 상실, 즉 비밀이라는 잃어버린 대상이 문제가 되기 때문이다. 그는 "비밀은 미학적으로 드러낼 수 없는" 것이라고 단언한다.

　사진에 관한 한, 다시 말해서 사진의 비밀에 관한 한, 바르트는 그것을 푼크툼punctum이라고 말한 바 있다. 이 푼크툼에 대해, 보드리야르는 다음과 같이 해석한다. "설명할 수 없고 전달할 수 없는, 이것은 전혀 상호작용하지 않는 것이다. 거기에는 무엇인가 있는 동시에 없다. 문화를 통해, 그것은 완전히 사라지고 증발해 버린다."

　보드리야르에 따르면, 오늘날 우리는 건축을 둘러싼 문화의 전이métastase에 사로잡혀 있다. 그러나 어떤 기준으로 그것을 평가할 수 있는가? 현대의 건축들 가운데 비밀의 영역과 보드리야르가 말하는 특이성의 영역에 속하는 것과, 모든 모델들을 지배하는 정신적 기술, 즉 문화의 영역으로 이동한 것을 구별하기는 매우 어렵다. 물론 건축가에게 주어지는 도시적·지리적 상황 뿐만 아니라 재정적 압박에 의해 강요되는 상황도 있다. 그러나 무엇보다도 고객의 머릿속에 들어 있는 모델, 건축회사와 건축잡지와 건축 형태의 역사 속에서 순환하고 있는 모델 등, 이 모든 모델들이 많은 요소를 강요하는데, 이러한 모델들에 따라 건축된 것은 단순하고 안전하고 철저한 규칙들로부터 만들어진 것이 아니다. 그것은 의미와 감각이 없는 어떤 모델을 유지하는 것, 즉 대상들의 콜라주collage이다(배영달, 2009:456).

이러한 건축문화의 전이 현상을 고려해 보면, "현대 건축의 비극들 중 하나는 모델화이며 복제이다." 그것은 기능성을 지닌 요소들의 기능으로서 전 세계에서 같은 형태의 생활공간을 끝없이 복제하는 것, 혹은 어떤 형태의 전형적 건축 내지 아름다운 건축을 끝없이 복제하는 것이다. 결국 문제시되는 것은 자신의 계획과 프로그램을 넘어서지 못하는 어떤 건축적 대상이다.

이 지점에서 건축은 악마에게 자신의 그림자를 팔아 버린 페터 슐레밀Peter Schlemihl처럼 자신의 그림자를 잃어버렸을까? 자신을 관통하는 모든 모델들에 투명해져 버린 건축은 이제 프로그램화된 코드의 모든 가능한 변화를 통해 끝없이 반복하거나 조정하기만 하면 된다.

세계무역센터의 쌍둥이빌딩을 살펴보자. 하나의 빌딩은 다른 빌딩의 그림자이자 정확한 복제라고 볼 수 있다. 그러나 엄밀히 말해서 그림자는 더 이상 거기에 없으며, 그림자는 복제가 되어 버렸다. 타자성, 비밀, 수수께끼(그림자는 그것들의 은유이다)는 같은 것의 복제를 허용하면서 사라져 버렸다. 실제로 우리의 가상 세계, 우리의 복제 세계, 우리의 그림자 없는 세계에서 사물들은 단지 있는 그대로의 것일 뿐이다. 그리고 사물들은 무한히 증식된 끝없는 복제 가운데에 있다.

실제로 오늘날 대부분의 세계적 규모의 건축물은 존재하는 모델화와 정보를 즉각적으로 이용한다. 따라서 건축물의 복제 형태는 자연스럽게 목격된다. 예를 들어 사무실 빌딩이 정해진 유형론으로 만들어지는 순간부터, 사람들은 이 빌딩을 다시 발상할 필요 없이 이 빌딩을 복제하고 다시 건축하는 것이다. 이는 최소한의 건축 계획도 없이 건축을 서둘러 대충해 버리는 타락의 형태이다.

이런 측면에서 보면 누벨의 견해처럼 "건축은 무가치하고 무가치하며, 무가치한 것이다." 그래서 사람들은 다른 것을 찾게 된다. 그 대안들 가운데 하나로 비릴리오가 환기시키는 '사라짐의 미학'을 찾고 있을지도 모른다. 실제로 사라지는 수많은 방식들이 존재하는 것은 사실이다. 그러나 전멸(비릴리오가 깊이 생각하는 것에 활기를 불어넣는 전멸)이라는 사라짐과 '네트워크' 속으로 사라지는 행위(우리 모두에게 관련 있는, 오히려 증발해 버릴 수 있는 것)는 비교될 수 있다."

비릴리오처럼 보드리야르 역시 '사라짐의 미학'을 소중히 여긴다. 그러면 보드리야르가 말하는 사라짐은 무엇을 의미하는

가? 그것은 한 형태가 다른 형태 속으로 사라지는 것이다. 이는 변모의 형태, 즉 출현-사라짐이다. 거기에는 전혀 다른 작용이 있다. "그것은 네트워크 속으로의 사라짐이 아니다(이때 각 네트워크는 다른 것의 복제나 전이가 된다). 그것은 결국 형태들이 연관되는 것이다(이때 각 형태는 사라져야 하고, 모든 것은 자신의 사라짐을 내포한다)." 보드리야르는 "모든 것은 사라지는 예술 속에 있다. 슬프게도 그렇게 말할 수밖에 없다"라고 주장한다(Baudrillard & Nouvel, 2000:51).

보드리야르는 누벨의 건축을 '사라짐의 미학' 혹은 '유혹의 건축'으로 간주한다. 사실 누벨의 건축이 하나의 계획이고 하나의 구조를 갖는다 할지라도, 그것은 항상 하나의 대상으로서 사건이 될 뿐만 아니라 사라지는 데도 성공한다. 이런 관점에서 보면, 그것은 유혹할 수 있는 하나의 대상이며, 사라지면서 부분적으로 유혹한다('끝없는 타워', '아그바르 타워'를 떠올려 보라). 그리고 부재의 전략인 이 전략은 실제로 유혹의 질서에 속하긴 하지만, 결국 거기에는 유혹하려는 어떤 목적도 없다. 그러므로 보드리야르에게 좋은 건축이란 사라지는 것이다. 그는 건축은 건축의 사라짐의 토대 위에서 파악되어야 한다고 말한다.

4 _ 건축의 가상화와 초미학화를 넘어서

가상화와 초미학화(일반적 미학화)를 통해서 건축물의 복제가 이루어지는 절망적인 상황에서도, 오늘날 건축의 미래는 열려 있는가? 보드리야르의 관점에서 볼 때, 그것은 전혀 가망 없는 것처럼 보이지 않는다. 설령 건축이 어떤 세계를 창조하는 것이 아닐지라도, 우리는 건축이 그 자체의 다소 저속한 반복이나 복제 이외의 다른 것이 되기를 기대할 수 있다.

앞서 논의했듯이 보드리야르에 따르면, 사진 분야는 무한한 기술적 가능성을 지니고 이미지의 통제할 수 없는 흐름을 산출하는 카메라의 자동기술로부터 예외적인 이미지를 획득할 수 있는 가능성을 제공한다. 실제로 자동기술은 자동적이지 않으며, 거기에는 항상 객관적인 우연과 예측할 수 없는 연쇄의 가능성이 있다.

마찬가지로 오늘날 우리의 삶을 지배하는 넘쳐나는 이미지들 속에는 아직도 이미지 본래의 무대를 재창조할 수 있는 가능성이 존재한다. 여기에는 어떤 의미로 우발적이고 환상적인 것을 지니는 이미지가 있는데, 우리는 직관을 통해 이미지의 이 비밀을 발견할 수 있다. 그러나 우리는 이 비밀을 상실해서는 안 되며, 보드리야르가 말하는 일반적인 미학화인 초미학화와 문화의 전이에 저항해야 한다.

이런 맥락에서 장소의 특성과 장소의 즐거움으로부터 시작하면서, 그리고 종종 우연의 영역에 속하는 사태를 고려하면서, 다른 전략과 극작술을 창조하는 것이 절실히 요구된다. 뿐만 아니라 초미학화와 문화의 전이에 따른 건축물의 복제에 맞서, 가상현실의 난입에 따른 건축의 가상적 미학화에 맞서, 우리 모두가 여전히 열망하는 시적인 건축, 극적인 건축, 글자대로의 건축, 급진적 건축을 향해 보드리야르가 "상황의 시적인 이동 혹은 이동의 시적인 상황"이라고 부르는 것을 실행하려고 애써야 한다.

보드리야르에게는 이렇게 항상 상황을 뒤집어 놓으려는 의지, 패러독스와 역전의 취향이 있다. 그리고 그에게는 본질적으로 시적인 접근이 있다. 요컨대 그는 패러독스와 역전의 방식을 통해 어떤 시적인 형태에 도달하려고 애쓴다. 이것은 분명 그의 급진적 사유의 형태이다. 그의 사유 세계에서 보면 오늘날 건축은 종종 꼼짝 못하게 되는 상황 속에 놓이지만, 항상 무엇인가에 저항하여 초월하는 희망을 지닌다고 할 수 있다.

참고문헌

장 보드리야르(2012). 《사라짐에 대하여》. 하태환 옮김. 민음사.
질 들뢰즈(2004). 《차이와 반복》. 김상환 옮김. 민음사.
레프 마노비치(2004). 《뉴미디어의 언어》. 서정신 옮김. 생각의 나무.
빌렘 플루서(2004). 《피상성 예찬》. 김성재 옮김. 커뮤니케이션북스.
배영달(2000). 《예술의 음모》. 백의.
배영달(2009). 《보드리야르의 아이러니》. 동문선.
배영달(2013). 《사유와 상상력》. 동문선.
배영달(2017). 《폴 비릴리오》. 커뮤니케이션북스.
진중권(2014). 《이미지 인문학1》. 천년의 상상.

Baudrillard, J.(1970). *La société de consommation*. Denoël.(이상률 옮김(1991). 《소비의 사회》. 문예
    출판사.)
Baudrillard, J.(1981). *Simulacres et simulation*. Galilée. (하태환 옮김(1992). 《시뮬라시옹》. 민음사.)
Baudrillard, J.(1986). *Amérique*. Grasset & Fasquelle. (주은우 옮김(2009). 《아메리카》. 산책자.)
Baudrillard, J.(1987). The evil demon of Images. Power Institute of Fine Arts. Series No.3.
Baudrillard, J.(1990). La Transparence du Mal. Galilée.
Baudrillard, J.(1997). Entrevues à propos du "complot de l'art". Sens & Tonka.
Baudrillard, J.(1999). L'Echange impossible. Galilée. (배영달 옮김(2001). 《불가능한 교환》. 울력.)
Baudrillard, J. & Nouvel, J.(2000a). Les objets singuliers: Architecture et philosophie. Calm-
    ann-Lévy. (배영달 옮김(2003). 《건축과 철학》. 동문선.)
Baudrillard, J.(2000b). Mots de passe. Pauvert. (배영달 옮김(2006). 《암호》. 동문선.)
Baudrillard, J.(2001). D'un fragment l'autre. entretien avec François L'Yvonnet. Albin Mi-
    chel.
Baudrillard, J.(2004). Le pacte de lucidité ou l'intelligence du Mal. Galilée.
Baudrillard, J.(2005a). le complet de l'art, illusion et désillusion esthétiques. Sens & Tonka.
Baudrillard, J.(2005b). Les Exilés du dialogue. entretien avec Enrique Valiente Noailles.
    Galilée.
Baudrillard, J.(2007). Pourquoi tout n'a-t-il pas déjà disparu? L'Herne.
Baudrillard, J.(2013). Vérité ou radicalité de l'architecture? Sens & Tonka.

Foster, H.(1996). The Return of the Real. MIT Press. (이영욱 외 옮김(2010). 《실재의 귀환》. 경성대학교출판부.)

Ian, J.(2007). Paul Virilio. Routledge. (홍영경 옮김(2013). 《속도의 사상가 폴 비릴리오》. 앨피.)

Leonelli, L.(2007). La Séduction Baudrillard. Ecole nationale supérieure des beaux-arts.

Lévy, P.(1995). Qu'est-ce que le virtuel?. La Découverte.

Proto, F.(2003). Mass. Identity. Architecture : Architectural Writings of Jean Baudrillard. Wiley-Academy.

Stearns, W. & Chaloupka, W.(1992). The Disappearance of Art and Politics. St. Martin's Press.

Virilio, P.(1980). Esthétique de la disparition. Balland. Galilée(1989). (김경온 옮김(2004). 《소멸의 미학》. 연세대학교출판부.)

Virilio, P.(1984). L'espace critique. Christian Bourgois.

Virilio, P.(1993). L'art du moteur. Galilée. (배영달 옮김(2006). 《동력의 기술》. 경성대학교출판부.)

Virilio, P.(1995). La vitesse de libération. Galilée. (배영달 옮김(2006). 《탈출속도》. 경성대학교출판부.)

Virilio, P.(1998). La bombe informatique. Galilée. (배영달 옮김(2002). 《정보과학의 폭탄》. 울력.)

Virilio, P.(2000). La procédure silience. Galilée.

Virilio, P.(2002). Ce qui arrive. Galilée.

Virilio, P. & Baj, E.(2003). Discours sur l'horreur de l'art. Atelier de création libertaire

Virilio, P. & Lotringer, S.(2005a). The Accident of Art. Semiotext(e).

Virilio, P.(2005b). L'accident originel. Galilée.

Virilio, P.(2005c). L'Art à perte de vue. Galilée.

Virilio, P. & Depardon, R.(2009). Terre Natale. Actes Sud.

속도의 예술 초미학

2019년　12월 30일 초판 1쇄 발행

지은이 ┃ 배영달
펴낸이 ┃ 노경인 · 김주영

펴낸곳 ┃ 도서출판 앨피
출판등록 ┃ 2004년 11월 23일 제2011-000087호
주소 ┃ 우)07275 서울시 영등포구 영등포로 5길 19(양평동 2가, 동아프라임밸리) 1202-1호
전화 ┃ 02-336-2776　팩스 ┃ 0505-115-0525
블로그 ┃ bolg.naver.com/lpbook12
전자우편 ┃ lpbook12@naver.com

ISBN 979-11-87430-83-4